懐かしい沿線写真で訪ねる

東急電鉄
街と駅の1世紀

生田　誠 著

◎多摩川園（現・多摩川）駅（昭和59年）　撮影：安田就視

アルファベータブックス

CONTENTS

まえがき …………………… 4

(東横線)
- 渋谷 …………………… 6
- 代官山 …………………… 10
- 中目黒・祐天寺 …………… 12
- 学芸大学・都立大学 ……… 14
- 自由が丘 ………………… 16
- 田園調布・多摩川 ………… 18
- 新丸子・武蔵小杉 ………… 20
- 元住吉・日吉 ……………… 22
- 綱島・大倉山 ……………… 24
- 菊名・妙蓮寺 ……………… 26
- 白楽・東白楽 ……………… 28
- 反町 ……………………… 30
- 横浜 ……………………… 32

(目黒線)
- 目黒 ……………………… 34
- 不動前・武蔵小山・西小山 … 36
- 洗足・大岡山・奥沢 ……… 38

(田園都市線)
- 池尻大橋 ………………… 40

- 三軒茶屋 ………………… 42
- 駒沢大学・桜新町・用賀 … 44
- 二子玉川 ………………… 46
- 二子新地・高津 …………… 48
- 溝の口 …………………… 50
- 梶が谷・宮崎台 …………… 52
- 宮前平・鷺沼 ……………… 54
- たまプラーザ・あざみ野 …… 56
- 江田・市が尾 ……………… 58
- 藤が丘・青葉台 …………… 60
- 田奈・長津田 ……………… 62
- つくし野・すずかけ台・南町田 … 64
- つきみ野・中央林間・恩田・こどもの国 … 66

(大井町線)
- 大井町・下神明 …………… 68
- 戸越公園・中延・荏原町 …… 70
- 旗の台・北千束・緑が丘 …… 72
- 九品仏・尾山台・等々力・上野毛 … 74

(池上線)
- 五反田・大崎広小路 ……… 76
- 戸越銀座・荏原中延・長原・洗足池 … 78
- 石川台・雪が谷大塚・御嶽山・久が原 … 80

- 千鳥町・池上・蓮沼 ……… 82
- 蒲田 ……………………… 84

(東急多摩川線)
- 沼部・鵜の木・下丸子 …… 86
- 武蔵新田・矢口渡 ………… 88

(世田谷線)
- 三軒茶屋・西太子堂・若林・松陰神社前… 90
- 世田谷・上町・宮の坂・山下・松原・下高井戸… 92

(玉電廃線)
- 砧線・溝ノ口線・天現寺線・中目黒線… 94

コラム
- 百花繚乱の他社車両による東横特急…29
- 東急の廃線区間(横浜~桜木町)… 31
- 目黒線を走る他社車両……………35
- 玉電の大橋車庫……………………41
- 新奥沢線……………………………83

本書内の「現在」は、原則として本書発行時点を意味します。

本文の駅概要欄の「乗降人員」は2013年の数値です。

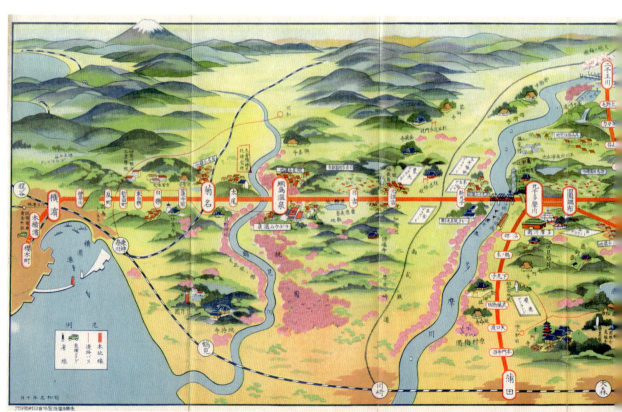

二子橋（昭和29年）撮影：荻原二郎

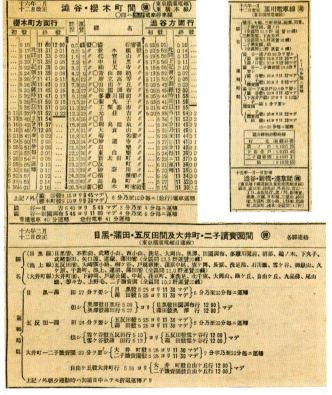

「東京横浜電鉄 目黒蒲田電鉄沿線案内」（昭和戦前期）

まえがき

　都心部を一周する山手線。その各駅からは、さまざまな私鉄の路線が伸びるなかで、渋谷を起点とする東横線と田園都市線、目黒を起点とする目黒線、五反田を起点とする池上線を運行しているのが東急電鉄(東京急行電鉄)である。これに、東海道線の大井町駅を起点とする大井町線を加え、さらに多摩川線と世田谷線を合わせて、東京西部、神奈川東部の大きなエリアの鉄道網を築いている。その東急電鉄各線の駅と街、鉄道の歩みと現在の姿を紹介するのが本書である。

　しかし、この東急電鉄は当初から、ひとつの鉄道会社であったわけではない。その出発点には、明治の大実業家、渋沢栄一が設立した「田園都市会社」と、運輸通信大臣をつとめた実業家、五島慶太が手掛けた「目黒蒲田電鉄」という、2つの会社があった。両社が手掛ける鉄道と住宅地、その2つが一体となって、鉄道の建設・延伸と沿線の開発が行われてきたのである。

　このうち、「田園都市会社」は大正7(1918)年から昭和3(1928)年まで、10年間存在した住宅地開発会社であり、「目黒蒲田電鉄」の親会社として鉄道事業なども展開した。「田園都市会社」が開発したのは、洗足田園都市、田園調布、玉川田園調布などである。

　また、「目黒蒲田電鉄」は、大正11(1922)年に設立され、五島慶太が専務取締役に就任し、実質的に会社を取り仕切っていた。大正12(1923)年には、目黒〜蒲田間の「目蒲線」(現・目黒線、多摩川線)が開業。これが現在の東急の鉄道事業のスタートとなった。

　一方で、現在の「田園都市線」の渋谷〜二子玉川(溝の口)間の前身として、明治40(1907)年に渋谷〜玉川間を開業させ、路線を延ばしたのが「玉川電気鉄道」である。この会社は、昭和13(1938)年に当時の「東京横浜電鉄(現・東急)」に合併された。

　大正13(1924)年、明治から名称が存在した「武蔵電気鉄道」が、社名を変更して誕生した「東京横浜電鉄」は、こちらも五島慶太が専務取締役となり、大正15(1926)年、「神奈川(現・東横)線」の丸子多摩川(現・多摩川)〜神奈川(後に廃止)間が開通し、昭和2(1927)年には渋谷〜丸子多摩川間が開通し、東横線と呼ばれるようになった。この路線は昭和7(1932)年に桜木町駅まで延伸。昭和14(1939)年には、「目黒蒲田電鉄」が「東京横浜電鉄」を吸収合併したが、称号変更で、新会社は「東京横浜電鉄」とされている。

　池上線は、大正11(1922)年に「池上電気鉄道」の手で、蒲田〜池上間が開通している。昭和3年、現在の池上線の蒲田〜五反田間が全通したが、昭和9

二子玉川付近を走る1形(大正期)

東京横浜・目黒蒲田電鉄線路略図(昭和5年)

(1934)年に「目黒蒲田電鉄」に買収された。この池上線と現在、旗の台駅で交差する大井町線は、「目黒蒲田電鉄」により、昭和2年にまず、大井町～大岡山間が開通した。その後、昭和4(1929)年に自由が丘～二子玉川間が二子玉川線として開業。一カ月遅れで、両線をつなぐ大岡山～自由が丘間が開通し、大井町～二子玉川間の大井町線となった。

こうして戦前において、現在のような一大鉄道網を築いた「東急電鉄」は、太平洋戦争下の昭和17(1942)年には、「小田急電鉄」「京浜電気鉄道(現・京急電鉄)」を合併。昭和19(1944)年には、「京王電気軌道(現・京王電鉄)」も合併し、一時は東京西部、神奈川県の鉄道のほぼすべてを担う存在となった。この時代は、「大東急時代」と呼ばれ、昭和23(1948)年の分割、再編成まで続いた。

◇　◇　◇

戦後、五島慶太は一時、公職追放されていたが、昭和27(1952)年に取締役会長として復帰している。前後して、鉄道事業のみならず、バスや百貨店・不動産・観光事業も推進されていった。昭和28(1953)年には「東急不動産」、昭和31(1956)年に「東急観光」が設立された。戦前から渋谷にあった東横百貨店(現・東急百貨店東横店)に加え、昭和42(1967)年には東急百貨店本店が開店している。

鉄道事業では、昭和41(1966)年に田園都市線の溝の口～長津田間が開業。昭和43(1968)年、つくし野駅まで延伸した。昭和44(1969)年には、玉川線・砧線が廃止されたが、現在の世田谷線部分は残された。そして、旧玉川線を受け継ぐ、新玉川(現・田園都市)線の渋谷～二子玉川間が開通している。

その後も、田園都市線の延伸や東横線の一部に代わるみなとみらい線の開通、東京地下鉄などとの相互乗り入れ開始など、東急の鉄道路線はさらに発展している。特に田園都市線は、新玉川線を組み入れて渋谷経由で、半蔵門線とつながり、東急のもうひとつの幹線に成長した。設立当初の理想を受け継ぐ線名をもつ田園都市線の沿線には、「多摩田園都市」が生まれ、それぞれの駅が核となって発展している。また、沿線主要駅である二子玉川駅周辺の発展は目覚ましく、東横線と大井町線を結ぶ自由が丘駅や、渋谷に近い代官山駅周辺も、若者が集まるおしゃれタウンになっている。

平成25(2013)年3月、東横線の新しい渋谷駅が誕生した。さらに、旧・渋谷駅(跡地)のリニューアル、再開発の計画も発表された。東急の各線・各駅は未来に向かって着実に進歩、発展を続けている。

2015年7月　生田 誠

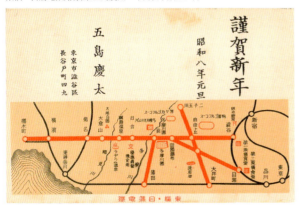

東横・目蒲電鉄路線図、五島慶太・年賀状(昭和8年)

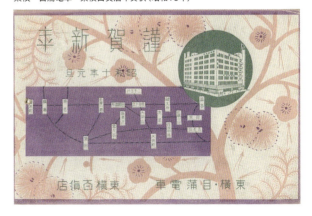

東横・目蒲電車　東横百貨店年賀状(昭和10年)

しぶや
渋谷

東横線、田園都市線の始発は地下駅から
地下鉄、JR各線連絡、玉川線の歴史も

開業年	昭和2(1927)年8月28日
所在地	渋谷区道玄坂2-1-1
キロ程	0.0km(渋谷起点)
駅構造	地下駅
ホーム	2面4線(東横線・副都心線)、1面2線(田園都市線・半蔵門線)
乗降人員	1,106,911人(東急合計)

渋谷駅(昭和戦前期)
東横線、玉電、井の頭線、銀座線が省線(現・JR)、市電と接続していた渋谷駅。駅前の雑踏の奥には、玉川電車(久地梅林)、帝都電鉄の広告看板が見える。
『日本地理風俗体系』所収

渋谷駅のホーム(昭和27年)
渋谷駅の東横線ホームに停車しているデハ3500形(3513)編成の列車。渋谷〜新丸子間の各駅停車として運行されていた。
撮影:竹中泰彦

渋谷駅ホームの3600形(昭和30年)
渋谷駅の東横線ホームに停車しているクハ3670形(3672)。渋谷〜桜木町間の急行等として運行されていた。

渋谷駅に到着する5000系(昭和41年)
昭和29(1954)年に登場。東急初の新性能電車で、軽量車体など画期的な技術を採用した車両である。
撮影:竹中泰彦

撮影:小川峯生

　渋谷駅は、東急においては東横線・田園都市線の起点駅であり、JR山手線・東京メトロ・井の頭線との連絡駅である。また、かつては玉川線(玉電)、その支線である天現寺線の始発駅でもあった。

　渋谷駅の歴史は、明治18(1885)年3月、日本鉄道の品川線(現・JR山手線)の駅としてスタートしている。その後、明治40(1907)年8月に玉川電鉄玉川線(後の東急玉川線)、大正10(1921)年6月、天現寺線が開業している。昭和2(1927)年8月には東京横浜電鉄(現・東急)東横線の渋谷駅が開業している。昭和44(1969)年5月、玉川線が廃止されたが、昭和52(1977)年4月、新玉川線(現・田園都市線)として復活している。

　戦後に誕生した現・田園都市線は島式ホーム1面2線を有する地下駅として、東京メトロ半蔵門線と相互直通運転を行っている。一方、JR駅の南東にあった東横線の駅は、4面4線ホームをもつ高架駅だったが、平成25(2013)年3月の東京メトロ副都心線との相互直通運転開始を機に、明治通りの地下に移った。この新しい地下駅の構造は、島式2面4線のホーム(3〜6番線)を有している。田園都市線ホームは1・2番線となっている。

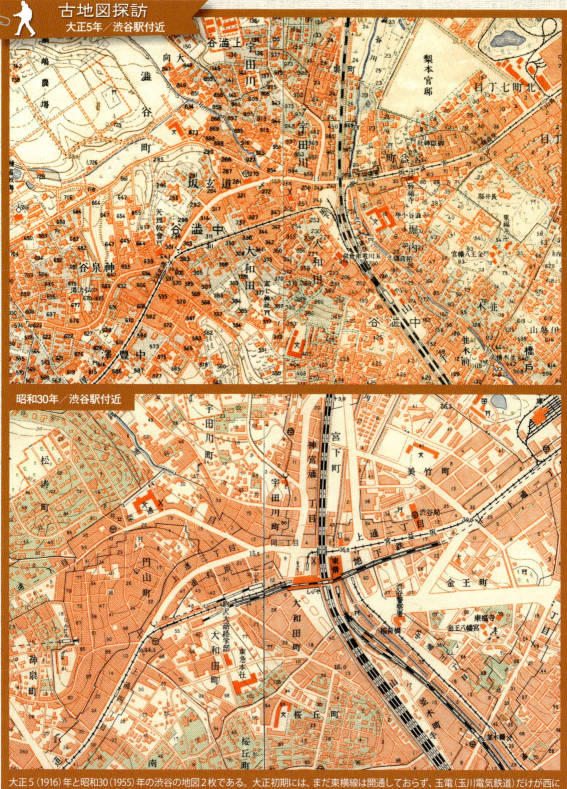

古地図探訪
大正5年／渋谷駅付近

昭和30年／渋谷駅付近

大正5（1916）年と昭和30（1955）年の渋谷の地図2枚である。大正初期には、まだ東横線は開通しておらず、玉電（玉川電気鉄道）だけが西に伸びていた。この頃の国鉄の渋谷駅は、現在よりも南側に存在し、その北側に「玉川電車会社」の文字が見える。玉電はここから北に向かい、「坂下」からは西の道玄坂方面に向かった。地図上には、厚木（大山）街道（現・国道246号）の併用軌道上に「道玄坂上」の電停が見える。この頃、渋谷町役場は、渋谷駅周辺には置かれておらず、恵比寿にあった。宮益坂方面から来た市電は、南の恵比寿方面には延びていない。
一方、昭和30（1955）年の地図では、都電の駅前ターミナルが西口に移り、東口から南に伸びる路線が誕生している。渋谷駅を発する東急の「東横線」「営団地下鉄（現・東京地下鉄）」の「銀座線」が誕生し、渋谷駅のターミナル駅としての役割が大きくなっている。

渋谷川付近の東横線（昭和34年）
撮影：小川峯生
渋谷川に沿った高架線上を走る東横線。渋谷駅を出た東横線は、渋谷川に沿って南に向かい、並木橋付近から西に向かっていた。

東横百貨店と渋谷駅入口（昭和35年）
撮影：荻原二郎
東横線の入口となっていた東横百貨店の1階部分。この百貨店は戦前から存在し、現在は東急百貨店東横店になっている。

東急プラザ前（昭和52年）
撮影：山田虎雄
昭和40（1965）年、「渋谷東急ビル」の名称でオープンし渋谷駅前の「東急プラザ渋谷」。平成27（2015）年に閉店した。

新玉川線の開業案内（昭和52年）
昭和52（1977）年4月の新玉川線（現・田園都市線）開業を控え、渋谷駅をはじめ各駅でPRの掲示が見られた。

渋谷駅の新玉川線ホーム（昭和52年）
撮影：山田虎雄
開業して間もない新玉川線の地下ホーム。1番線に停車している8500系の二子玉川園行きの列車。

渋谷駅前（現在）
渋谷駅のシンボル、ハチ公像がある広場に開かれている、東急東横線・田園都市線の地上出入口。左手に旧5000系の展示車両が見える。

撮影：高橋義雄

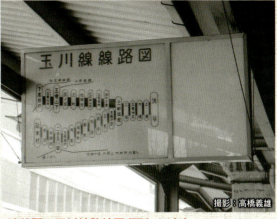
撮影：高橋義雄

渋谷駅の玉川線改札口（昭和44年）
玉川線のホームに向かうために改札口を通る人々。この玉川線は全線均一運賃の前払い制だった。

渋谷駅の玉川線路線図（昭和44年）
渋谷駅のホームに掲げられていた玉川線の路線図。この頃は、砧本村に向かう支線もあった。

撮影：田尻弘行

渋谷駅の玉川線ホーム（昭和44年）
デハ80形2両が仲良く並んで停車している玉電の渋谷駅。渋谷駅2階の終端部分はビルの中に入っていた。

渋谷駅の玉川線ホーム（昭和44年）
多くの乗客が待つ玉川線のホーム。停車しているのは、デハ80形（94）。下高井戸行きである。

撮影：竹中泰彦

撮影：竹中泰彦

道玄坂上付近のデハ70形（昭和29年）
道玄坂上の玉川通りを走るデハ70形（73）。これから渋谷駅を目指して道玄坂を下っていく。

道玄坂上付近のデハ200形（昭和29年）
渋谷駅を出てから専用軌道を走り併用軌道部分にやってきた玉電のデハ200形。これから二子玉川駅を目指す。

<small>だいかんやま</small>

代官山

開業年	昭和2(1927)年8月28日
所在地	渋谷区代官山19-4
キロ程	1.5km(渋谷起点)
駅構造	(地上駅(橋上駅))
ホーム	2面2線
乗降人員	30,171人

駅舎改築で踏切が消え、地下ホーム誕生
同潤会アパートから、代官山アドレスに

代官山駅(昭和36年)
急斜面に設置されていた、昭和時代の代官山駅。現在のおしゃれな街の玄関口とはかけ離れた、レトロな姿である。

撮影：荻原二郎

代官山駅(現在)
すっかり新しくなった代官山駅の駅舎(正面口)。この付近には西口・東口が設けられ、代官山アドレス方面に出る北口もある。

東横線とJRの立体交差(平成25年)
渋谷〜代官山間が地下化される直前の風景。JR山手線などと交差するシーンは旧渋谷駅の「かまぼこ型の屋根」「目玉型の壁」とともに過去のものとなった。

　かつては並木橋駅が存在したが、昭和21(1946)年に廃止され、現在はこの代官山駅が、始発駅・渋谷の隣駅である。その距離は1.5キロと短い。開業したのは、東横線の渋谷延伸時の昭和2(1927)年8月である。

　代官山の地名・駅名の由来は不明である。江戸時代以前、代官の屋敷、あるいは山林があったからともいわれる。もとは山林が広がっていたが、関東大震災後に開発が始まった。この地に同潤会代官山アパートが誕生したのは昭和2(1927)年で、平成8(1996)年に解体されるまで存在した。現在その跡地はタワーマンションを中心とした複合施設、代官山アドレスになっている。

　代官山駅は、急斜面に位置しているため、以前は8両編成の列車では2両分のドアカット(締切)が実施されていた。駅舎もローカル駅のような小さな造りだったが、平成元(1989)年に現在の駅舎に生まれ変わり、踏切が廃止されてホームが延伸した。そのため、橋上駅舎をもつ地上駅であるが、ホームの一部は代官山トンネル内にある。平成25(2013)年3月、地下鉄副都心線の渋谷延伸で、東横線との相互直通運転が実施されることになり、渋谷〜代官山間が地下化されている。

　近年、代官山周辺は若者が集まるファッション・タウンとなり、流行の飲食店も多くなった。

渋谷トンネル付近の初代5000系（昭和34年）
代官山〜中目黒間の渋谷トンネル付近を走る初代5000系。渋谷〜桜木町間を結んでいた急行である。

並木橋駅

昭和2（1927）年、東横線が開通して以来、渋谷〜代官山は長く高架、地上線だった。また、開業から昭和21（1946）年までは、中間駅として「並木橋駅」が存在した。
この並木橋駅付近には学校が多く、学生たちが多く利用していたが、昭和20（1945）年5月の空襲で駅舎が焼失、休止となり、翌年5月に廃止された。この並木橋駅の駅名は、渋谷川に架かる橋に由来している。
渋谷〜代官山間は平成25（2013）年、東京地下鉄副都心線との直通運転開始に伴い、地下線となり、渋谷駅は地下に移転した。

並木橋付近の高架線（昭和初期）
戦前、高架線だった頃の渋谷〜代官山間には、この付近に並木橋駅が置かれていた。画面端に駅舎の一部が見える。

古地図探訪
昭和30年／代官山駅付近

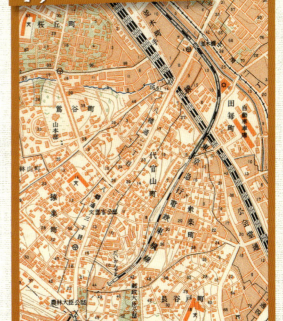

渋谷駅を出た東急線は渋谷川が流れる西側を南下し、並木橋を過ぎると右手に進路をとり、山手線の上を通って、代官山駅に向かう。現在、この区間は地下路線に変わっており、代官山駅は2つのトンネル区間に挟まれる形になっている。この時期、地図上にはまだ、都電の線路が見える。
この地図上では、代官山駅周辺に「郵政大臣公邸」「農林大臣公邸」「文部省公邸」など、省庁の施設が多く存在している。また、「根津邸」「山本邸」などがあることでもわかるように、渋谷（桜丘町、鶯谷町）から目黒（上目黒）にかけては高級住宅地として、著名人の邸宅も多かった。現在こうした「お屋敷」の多くはマンションなどに変わっている。駅の北側の猿楽町には渋谷区立猿楽小学校、南側の長谷戸町には長谷戸小学校が見える。

なかめぐろ・ゆうてんじ

中目黒・祐天寺

日比谷線と接続、以前は相互直通運転も
祐天上人の名に由来、浄土宗の名刹あり

中目黒

開業年	昭和2(1927)年8月28日
所在地	目黒区上目黒3-4-1
キロ程	2.2km(渋谷起点)
駅構造	高架駅
ホーム	2面4線
乗降人員	185,929人

祐天寺

開業年	昭和2(1927)年8月28日
所在地	都目黒区祐天寺2-13-3
キロ程	3.2km(渋谷起点)
駅構造	高架駅
ホーム	2面2線
乗降人員	29,809人

中目黒駅付近(昭和39年)
恵比寿方面から中目黒駅を望む。左手には大きくカーブした駒沢通りに都電の線路が見える。日比谷線が東横線に乗り入れる準備は既に整っていた。

撮影:荻原二郎

中目黒駅(現在)
現在の中目黒駅は、島式ホーム2面4線を有する高架駅となっている。ホームの下には幹線道路、山手通りが走っている。

撮影:小川峯生

中目黒駅のホーム(昭和34年)
日比谷線乗り入れに伴う改良工事が始まるまでは、2面2線のホームであった。

提供:めぐろ歴史資料館

中目黒駅の改札口(昭和30年代)
改築される前の中目黒駅の改札口付近。奥には多摩川園菊人形、二子玉川園の立て看板が見える。

撮影:荻原二郎

中目黒駅(昭和36年)
山手通りに面した中目黒駅の改札口付近。昭和2(1927)年の開業から高架駅であり、改札口はこの一か所だった

　東京メトロ日比谷線との接続駅となっているのが、中目黒駅である。日比谷線開通の昭和39(1964)年から、平成25(2013)年までは相互直通運転も行われていた。

　中目黒駅の開業は昭和2(1927)年8月である。目黒区役所の最寄り駅であり、駅付近には中目黒小学校のほかにも「中目黒」を冠した施設、ビルなどが多数存在するが、所在地は上目黒3丁目である。また、JR目黒駅との距離よりも、恵比寿駅との距離の方が近い。

　この駅は開業以来、高架駅であり当初は相対式2面2線だったホームは、昭和39年の日比谷線乗り入れに伴い、島式2面4線に加え、引き上げ線3線をもつ構造に変わった。現在、日比谷線は北千住駅から東武スカイツリーライン経由で、東武日光線の南栗橋まで乗り入れている。

　祐天寺駅は、駅の東にある浄土宗の寺院、明顕山祐天寺の最寄り駅で、駅名もこの寺に由来している。この祐天寺は享保3(1718)年の創建で、寺院の名称は増上寺の法主だった高僧、祐天上人からとられている。

　現在は高架駅である祐天寺駅だが、昭和2年8月の開業当時は地上駅で、東口方面に木像駅舎が存在した。その後、昭和30年代に西口駅舎が開設され、昭和45(1970)年に高架化されている。隣りの中目黒・学芸大学駅との距離はともに1.0キロと短い。

祐天寺駅前（昭和30年代）
のどかな雰囲気の祐天寺商店街を、自転車の男性が行く。奥には、木造2階建てだった祐天寺駅のモダンな木造駅舎が建っている。

提供：めぐろ歴史資料館

横浜高速鉄道 Y500系（現在）
東急5050系とほぼ同じ形だが、カラーリングが異なる。運用は東急車8両編成に限られる。

祐天寺駅（現在）
通過線の新設工事および駅のリニューアルが行われている祐天寺駅。完成は、平成30（2018）年度の予定である。

祐天寺駅（昭和36年）
昭和39（1964）年、現在の駅ビルに変わるまで存在した祐天寺駅の木造駅舎、跨線橋。駅前売店の牛乳ボックス（冷蔵庫）が懐かしい。

撮影：荻原二郎

古地図探訪
昭和3年／中目黒駅・祐天寺駅付近

昭和3（1928）年、約90年前の中目黒・祐天寺駅付近の地図である。地図上にある地名・施設などは、現在と大きく変わっていることがわかる。地図の中心付近に見える「諏訪山」は、高級住宅地として知られており、現在もマンション名などに使われている。蛇行しながら東横線の南側を流れる蛇崩川は、現在は暗渠化され、地図上に見ることはできない。その北側には、鷹司邸があった。
東横線の南側に目を移せば、「アメリカンスクール」、「実科高女校」が存在していた。このうち「実科高女校」は現在の都立目黒高校で、大正6（1917）年に目黒村立目黒実科高等女学校として設立され、東京市立目黒高等女学校をへて、戦後に男女共学の高校となった。地図の南側には駒沢通り、北東側には山手通りが走っている。

学芸大学・都立大学

がくげいだいがく・とりつだいがく

東横線の開業時は碑文谷、柿の木坂駅
昭和27年7月、同時に現駅名に改称

学芸大学

開業年	昭和2(1927)年8月28日
所在地	目黒区鷹番3-2-1
キロ程	4.2km(渋谷起点)
駅構造	高架駅
ホーム	1面2線
乗降人員	74,405人

都立大学

開業年	昭和2(1927)年8月28日
所在地	目黒区中根1-5-1
キロ程	5.6km(渋谷起点)
駅構造	高架駅
ホーム	2面2線
乗降人員	47,531人

学芸大学駅(昭和40年代)
列車の通過を待つ人々が並ぶ学芸大学駅の踏切付近。この頃の駅には構内踏切が残っており、独特のスタイルを保っていた。
提供：めぐろ歴史資料館

撮影：荻原二郎

撮影：竹中泰彦

学芸大学駅を出発した荷物電車(昭和30年)
学芸大学駅は高架になる前も島式だった。ホームの隣はすぐ踏切。荷物電車は木造車デニ3041。渋谷、目黒などターミナルを回って走った。(矢崎)

学芸大学駅(昭和36年)
高架駅となる前、まだ地下通路のなかった頃の学芸大学駅の駅舎、駅前の風景である。駅に向かう学生の後ろ姿がある。

学芸大学駅(現在)
昭和40(1965)年に高架駅となった学芸大学駅。副都心線との相互直通運転の開始に合わせてホームが延長されている。

　学芸大学駅が最寄り駅であった東京学芸大学は、昭和39(1964)年、小金井市に移転している。とはいえ現在も同大付属高校が付近にあり、駅名はそのままである。
　昭和2(1927)年8月の開業時は碑文谷駅であり、現在とは異なる名称だった。昭和11(1936)年に「青山師範」となり、学校の名称の変化とともに昭和18(1943)年に「第一師範」、昭和27(1952)年に「学芸大学」と駅名が変遷した歴史をもつ。
　ちなみに駅名の由来となった東京学芸大学は、明治6(1873)年開設の東京都小学教則講習所に起源をもつ東京府師範学校から発展し、昭和24(1949)年に東京学芸大学が誕生した。駅の所在地は目黒区鷹番3丁目で、すぐ西側は世田谷区下馬である。
　都立大学駅は、学芸大学駅と同様、かつてこの地にあった大学の名称に由来する駅である。しかし、東京都立大学は平成3(1991)年、多磨ニュータウンに移転し、その後、首都大学東京に再編、改称されたため、駅名だけが残る形となった。
　この駅も当初の駅名は「柿ノ木坂」で、戦前、戦後に「府立高等前」「府立高等」「都立高校」と駅名改称を重ねた歴史がある。昭和27(1952)年7月に現在の駅名となった。駅の所在地は目黒区中根1丁目である。

都立大学駅(昭和34年)

目黒通りの拡幅に合わせて、駅周辺の立体化工事が始まった頃の都立大学駅。駅の高架化は昭和36(1961)年に完成した。

撮影：竹中泰彦

撮影：荻原二郎

都立大学付近(昭和36年)

高架化の工事が進められていた都立大学駅付近の踏切の風景。東京駅南口に向かう路線バスの前を、荷物電車がギリギリで通過していく。

撮影：竹中泰彦

都立大学付近の高架工事(昭和36年)

緑の多く残っていた都立大学付近の東横線。上下線の間で進められていた高架工事は、まだ始まったばかりだった。

撮影：竹中泰彦

骨組みが出来上がった都立大学駅(昭和36年)

骨組みが現れつつあった都立大学駅の新駅舎、ホーム。その前にある旧駅舎と対比すれば、規模の違いがわかる。

古地図探訪
昭和4年／学芸大学駅・都立大学駅付近

昭和4(1929)年、碑文谷駅だった頃の学芸大学駅周辺の地図である。南側に見える「柿の木坂駅」が、現在の都立大学駅である。この当時、碑文谷周辺には目立つ建物もなく、現在は西側を走る「駒沢通り」もまだ延伸していなかった。駅の北側には、玉川上水の分水である「品川用水」が通っていたが、戦後に埋め立てられて道路に変わっている。学芸大学駅周辺の住居表示には現在、「鷹番」の地名が使用されているが、この当時は「三谷」「五本木」などが見える。現在の「鷹番1〜3丁目」で、昭和41(1966)年に成立している。東横線の線路沿い西側、鳥居が見える場所は「碑文谷池、厳島神社」である。現在は碑文谷公園として整備されており、ボート場のほか、こども動物広場・体育館などの施設を有している。

じゆうがおか
自由が丘

最初の駅名「九品仏」は、大井町線に
自由ヶ丘学園高あり、大井町線と接続

開業年	昭和2(1927)年8月28日
所在地	目黒区自由が丘1-9-8
キロ程	7.0km(渋谷起点)
駅構造	高架駅
ホーム	2面4線
乗降人員	95,721人

自由が丘駅(現在)
地上駅の大井町線と、高架駅の東横線の構造をもつ自由が丘駅。高架上の東横線は、島式ホームの3〜6番線を使用している。

提供：めぐろ歴史資料館

自由ヶ丘駅前(昭和30年)
舗装されていなかった頃の自由ヶ丘駅前のロータリーを学生たちが歩いている。2台のバスの姿にも昭和時代の雰囲気が濃く漂う。

撮影：荻原二郎

自由ヶ丘駅(昭和40年)
昭和41(1966)年、駅名表記が「自由が丘」に変更される前の自由ヶ丘駅の駅ビル。東急グループだった「国民相互銀行」の看板がある。

撮影：荻原二郎

自由ヶ丘駅(昭和36年)
昭和36(1961)年10月、駅ビルが誕生した頃の自由ヶ丘駅の駅前風景。戦後に設けられた駅前広場には街路樹の緑が目立つ。

　自由が丘駅は東横線の主要駅であり、大井町線との接続駅である。また、目黒線の奥沢駅は、約400メートル南の至近距離に位置している。

　「自由が丘」は新しい地名、駅名である。昭和5(1930)年、この地に手塚岸衛による自由ヶ丘学園が創立され、前後して地名・駅名が誕生している。同学園は当初、幼稚園・小学校・中学校があったが、現在は駅北側に旧制中学をもとにした高校だけが存在する。

　それ以前、この地は荏原郡碑衾町で、「谷畑」という地名が存在した。また、碑衾町は明治22(1889)年、碑文谷村と衾村の一部が合併して成立した碑衾村が昭和2(1927)年に碑衾町となり、昭和7(1932)年に東京市に編入され、目黒区の一部になっている。

　昭和2年8月、誕生時の駅名は「九品仏」で、昭和4(1929)年に「自由ヶ丘」となり、昭和41(1966)年に「自由が丘」に表記変更となった。なお、「九品仏」の駅名は、西側にある九品仏唯在念佛院浄真寺に由来しており、その後、大井町線に誕生した駅に引き継がれた。

　この駅が大井町線の接続駅となるのは昭和4年11月である。大井町線は相対式ホーム2面2線を有する地上駅、東横線は島式ホーム2面4線を有する高架駅の構造となっている。

東横線の急行列車（昭和54年）
当時は東横線だけに急行が運転されていた。停車駅も多く速度も速いとはいえなかったが赤地に白の看板は今のＬＥＤ表示よりもずっと目立ち、わかりやすかった。写真は田園調布付近。（矢崎）

自由が丘駅のホーム（昭和55年）
大井町行きのデハ3497。後方高架ホームの東横線は4線になっている。大井町線は相対式ホーム。この構造は今も同じである。3450形は総勢50両昭和初期の名車。（矢崎）

自由が丘付近の東武鉄道9000型（現在）
車体がステンレス製の地下鉄乗り入れ対応車両で10両が基本編成。東横線内で東武車の乗り入れは数少ない。

自由が丘駅（昭和59年）
東横線の上りホームから、大井町線の二子玉川方面を望む。大勢の人が待つ踏切の前には8000系大井町行きの列車が見える。

自由が丘駅の東横線のホーム（現在）
地下鉄有楽町線の初代車両である東京メトロ7000系、和光市行きの急行が自由が丘の5番線ホームに入線する。

自由が丘駅の大井町線ホーム（現在）
大井町線の自由が丘駅は1・2番線ホームを使用している。溝の口・大井町線に向かう上下線の各駅停車が仲良く並んでいる。

古地図探訪
昭和30年／自由が丘駅付近

この自由が丘駅では、東横線と二子玉川線（現・大井町線）が交差しており、さらに地図の南側では、目蒲線（現・目黒線）の奥沢駅がある。東横線は目蒲線と合流して、田園調布駅に向かう。地図上では、目立つものが少ない中、中央やや下に「八幡前」の地名と「八幡神社」が存在する。この神社は現在、奥沢5丁目に存在する奥澤神社で、室町時代に吉良氏の家臣、大平氏が奥沢城を築くにあたり、八幡神を勧請して「八幡神社」と呼ばれていた。八幡神社前から北に伸びるのが都道426号上馬奥沢線で、一般的には「自由通り」と呼ばれている。

現在の自由が丘駅は、目黒区自由が丘1丁目に存在するが、南口のすぐ先は世田谷区奥沢になる。この当時の地名は、地図上には見えないが、荏原郡碑衾町大字谷畑で、当初の駅前にはわずかに20軒ほどの商店街があるだけだった。

でんえんちょうふ・たまがわ

田園調布・多摩川

大正12年、目蒲線の調布駅スタート
「多摩川園」閉園で、開業時の駅名に

田園調布

開業年	大正12(1923)年3月11日
所在地	大田区田園調布3-25-18
キロ程	8.2km(渋谷起点)
駅構造	地下駅
ホーム	2面4線
乗降人員	24,321人

多摩川

開業年	大正12(1923)年3月11日
所在地	大田区田園調布1-53-8
キロ程	9.0km(渋谷起点)
駅構造	高架駅
ホーム	2面4線
乗降人員	14,036人

田園調布駅(昭和36年)
「ガーデンシティ」を目指した「田園都市会社」の傘下にあった目黒蒲田電鉄(現・東急)が開設した田園調布駅。メルヘンチックな駅舎である。

撮影：荻原二郎

田園調布駅東口(昭和36年)
駅本屋とは対照的にシンプルな構造だった田園調布駅の東口。駅前の空間は、西口ほど広くはなかった。

撮影：竹中泰彦

田園調布を出発、渋谷に向かう木造荷物電車(昭和29年)
この当時でも木造車は珍しく、東急でもこの1両だけだった。3041は後に車体が載替えられた。右側2線は目蒲線。(矢崎)

多摩川園前駅(昭和36年)
週末や夏休みには家族連れで賑わう遊園地の最寄り駅だった頃の多摩川園駅。普段は開かれていない出札口が並んでいる。

撮影：荻原二郎

　田園調布駅は、大正12(1923)年3月、目黒蒲田電鉄(現・東急)目蒲線(現・目黒線)の目黒〜丸子(現・沼部)間の開通時に誕生している。当初の駅名は「調布」で、大正15(1926)年に「田園調布」に改称した。
　昭和2(1927)年に東横線が開通し、接続駅となっている。開業当時は相対式ホーム2面2線で、東横線開業後は3面4線のホームを有していた。平成6〜7(1994〜1995)年に目黒線、東横線のホームともに地下化され、現在の2面4線のホームとなっている。
　田園調布駅の所在地は、大田区田園調布3丁目で、すぐ北側は世田谷区奥沢である。古くは、上沼部村、下沼部村が存在したが、明治22(1889)年に調布村が誕生し、昭和3(1928)年に東調布町となり、昭和7(1932)年に東京市の一部となった。
　一方、多摩川駅は大正12年3月、多摩川駅として開業している。大正15(1926)年、丸子多摩川駅に改称した。昭和6(1931)年に多摩川園前駅、昭和52(1977)年多摩川園駅と駅名は変わり、平成12(2000)年に現駅名(開業当初の駅名)になった。
　この多摩川駅は、駅名にもなっていた多摩川園遊園地の最寄り駅であったが、この遊園地は昭和54(1979)年に閉園している。

撮影：荻原二郎

田園調布を出発した渋谷行き（昭和33年）
最後尾がクハ3770形、先頭車と2両目はデハ3600形であろう。旧戦災国電などをたたき直したもの。（矢崎）

撮影：荻原二郎

田園調布駅ホームの3780（昭和49年）
地上駅だった頃の目蒲線（現・目黒線）のホーム。クハ3770形（3780）は戦災国電の払い下げを受けて復旧した車両である。（矢崎）

田園調布駅のホーム（昭和54年）
地上駅だった頃の田園調布駅の東横線ホームに並ぶ5000系の渋谷行きの列車と7200系の桜木町行きの列車。

撮影：安田就視

撮影：荻原二郎

多摩川駅ホームの5200系（昭和61年）
日本最初のステンレス鋼車体で、「湯たんぽ」の愛称があった5200系。昭和33（1958）年から昭和34（1959）年にかけて4両が製造された。

田園調布駅の復元駅舎（現在）
開業当時は、2階に食堂があった、ヨーロッパの民家風の田園調布駅の旧駅舎。平成12（2000）年に復元、竣工した。

多摩川駅西口（現在）
平成6（1997）年、東横線の複々線工事に伴い、駅舎がリニューアルされた多摩川駅。当初の改札口は南口のみだった。

古地図探訪
昭和30年／田園調布駅・多摩川駅付近

昭和30（1955）年の田園調布駅・多摩川駅周辺の地図である。既に公園や遊園地、スタジアムなどの用地のほかは、人家がびっしりと建ち並んでいたことがわかる。地図の中央、田園調布駅の南東に見える「田園コロシアム」は、テニスやプロレスの試合のほか、ライブ会場としても広く知られていた。しかし、「有明コロシアム」の誕生などで、平成元（1989）年に閉鎖され、現在はマンションに変わっている。駅の北西には玉川浄水場が見える。
また、多摩川園前（現・多摩川）駅付近には「丸子多摩川園」が存在していた。ここは、大正14（1925）年に温泉遊園地「多摩川園」としてオープン。飛行塔やメリーゴーランドのほか、菊人形展なども開催され、大人・子どもに人気があったが、昭和54（1979）年に閉園している。

しんまるこ・むさしこすぎ

新丸子・武蔵小杉

新丸子は東横線、当時は目蒲線に丸子駅
南武線に武蔵小杉駅、東急は接続駅から

新丸子

開業年	大正15(1926)年2月14日
所在地	川崎市中原区新丸子町766
キロ程	10.3km(渋谷起点)
駅構造	高架駅
ホーム	2面4線
乗降人員	20,373人

武蔵小杉

開業年	昭和20(1945)年6月16日
所在地	川崎市中原区小杉町3-472
キロ程	10.9km(渋谷起点)
駅構造	高架駅
ホーム	2面4線
乗降人員	208,711人

新丸子駅(昭和36年)
ズラリと改札口のボックスが並んだ新丸子駅。多摩川の花火大会に備えて、広い改札口、出札口が用意されていた。

思い出の日比谷線3000系(昭和56年)
東横線は中目黒から帝都高速度交通営団(現・東京地下鉄)日比谷線の北千住まで乗り入れていたが当初活躍していたのが3000系ステンレスカーであった。

武蔵小杉駅(昭和36年)
武蔵小杉駅は昭和28(1953)年に駅舎が移転した。これは上り線の南側に開設された駅舎。「むさし小杉駅」の文字が見える。

武蔵小杉駅(現在)
平成25(2013)年に「武蔵小杉東急スクエア」が開業した東急の武蔵小杉駅。同ビル4階にも、ホームを結ぶ連絡口が設けられた。

　長い多摩川橋梁を渡った東横線の列車は、まもなく新丸子駅に到着する。ここは神奈川県川崎市中原区である。
　新丸子駅は大正15(1926)年2月に開業している。当時、目蒲(現・多摩川)線には丸子(現・沼部)駅があり、「新丸子」という駅名が採用された。現在の住所は中原区新丸子町で、当時は橘樹郡中原町大字上丸子だった。この「丸子」という地名は、古代の「丸子部」に由来するともいわれ、渡船の仕事を行っていたとされる。
　武蔵小杉駅の歴史は、昭和2(1927)年、南武鉄道(現・JR南武線)にグラウンド前、武蔵小杉の2つの停留場が開設されたことに始まる。両駅は昭和19(1944)年、南武鉄道が国有化された際、前者が駅に昇格して武蔵小杉駅となり、後者は廃止された。東側を通る品鶴線上に平成22(2010)年、横須賀線の武蔵小杉線が開業している。
　東急の駅は昭和20(1945)年6月に開業した。この駅は当初、定期券を所持している通勤客のみが利用できた暫定的な駅で、一般客が使えるようになったには昭和22(1947)年である。当時は元住吉駅との間に、昭和14(1939)年開業の工業都市駅が存在したが、武蔵小杉駅との間は約200メートルしか離れておらず、昭和28(1953)年に廃止されている。また、現在でも、新丸子駅との距離は約500メートルと短い。

武蔵小杉付近の南武線（昭和30年）
田畑が多く残っている武蔵小杉付近を走る南武線、2両編成の列車。手前が東急線との交差（駅）付近で、線路の一部がのぞく

撮影：竹中泰彦

新丸子駅（現在）
新丸子駅は平成12（2000）年8月、東横線複々線化に伴い、2面4線の高架駅になった。

撮影：園田正雄

武蔵小杉駅のホーム（昭和37年）
武蔵小杉駅の3番線ホームに停車している6000系（初代）。渋谷～桜木町間の東横線用に昭和35（1960）年から投入された。

撮影：安田就視

多摩川橋梁（昭和59年）
多摩川園～新丸子間の多摩川橋梁を渡る5000系。

撮影：荻原二郎

武蔵小杉付近の8500系（昭和58年）
渋谷に向かう8500系の急行が武蔵小杉付近を走る。武蔵小杉周辺は川崎市中原区の中心で、奥に見える武蔵小杉商店街も人気がある。

古地図探訪
昭和4年／新丸子駅・武蔵小杉駅付近

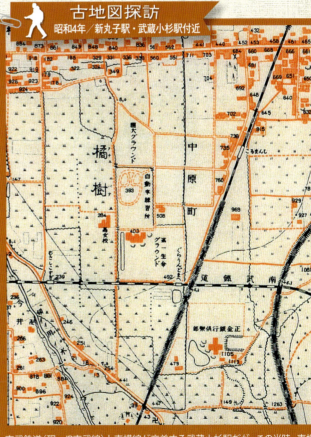

南武鉄道（現・JR南武線）と東横線が交差する武蔵小杉駅だが、この当時、東横線には駅が設けられていなかった。一方、南武鉄道には、グラウンド前駅が存在し、武蔵小杉駅があるのはかなり離れた西側だった。一方、東側を通るのは、国鉄の品鶴線（横須賀線）である。一方、新丸子駅は既に存在していた。
この当時、橘樹郡小杉町だった両駅の周辺には「慶大グラウンド」「第一生命グラウンド」「自動車教習所」が存在していたことがわかる。2つのグラウンドの存在から、南武鉄道の駅が名づけられたのである。現在、このあたりには、「日本医大新丸子キャンパス」「日本医大武蔵小杉病院」「大西学園高校」などが誕生している。地図の北側には、東西に中原街道が通り、南西には府中街道が見える。その南側には、人工用水路の「二ヶ領用水」が流れている。

もとすみよし・ひよし

元住吉・日吉

「住吉」の旧村名、住民が駅名に残す
慶応キャンパスあり、海軍司令部跡も

元住吉

開業年	大正15(1926)年2月14日
所在地	川崎市中原区木月1-36-1
キロ程	12.1km(渋谷起点)
駅構造	高架駅
ホーム	2面4線
乗降人員	47,228人

日吉

開業年	大正15(1926)年2月14日
所在地	横浜市港北区日吉2-1-1
キロ程	13.6km(渋谷起点)
駅構造	地上駅
ホーム	2面4線
乗降人員	194,102人

元住吉〜日吉間の2両編成(昭和28年)
2両とも同じスタイルであるが、クハ3850は台車も新しくれっきとした新車、デハ3550形は台車、電気品とも旧型車のものを流用して出来たもの。(矢崎)

撮影:竹中泰彦

日吉駅の駅前(昭和30年代)
昭和11(1936)年に完成した日吉駅の橋上駅舎。奥には路線バス、手前には自動車、その間を乳母車を押す婦人、自転車の子どもが行く

所蔵:横浜市史資料室

日吉〜綱島間の8000系(昭和55年)
直線のため東横線でもスピードが出せる区間の8000系。昭和44年登場、前面切妻でデザインの評判は「いまひとつ」だったものの、多くの新機構を取り入れていた。(矢崎)

元住吉駅(昭和35年)
コンクリート造りの橋上駅として、昭和15(1940)年に新築された。

撮影:荻原二郎

　川崎市で3番目の駅が元住吉駅である。開業したのは大正15(1926)年2月、当初は地平駅舎だったが、昭和15(1940)年に橋上駅舎となっている。その後、昭和36(1961)年に駅舎の位置が移動し、地下化されていたが、平成18(2006)年に再度、位置を変えて、高架駅になっている。

　この「元住吉」の駅名は、駅が開業する前年まで存在した住吉村の名称を残しておきたいという住民の希望があったからである。大正14(1925)年に中原町となり、昭和8(1933)年に川崎市に編入され、現在は中原区の一部である。

　東横線が横浜市内に入り、最初の駅が日吉駅である。かつては橘樹郡日吉村があったことから、日吉駅が生まれている。また、この地は東急の発祥の地とされ、記念碑の置かれた東急記念公園があった。平成20(2008)年、横浜市営地下鉄グリーンラインが開業し、接続駅となった。また、この年に目黒線が当駅まで延伸されている。

　日吉といえば、慶應義塾大学の日吉キャンパスがあることで知られている。昭和9(1934)年に開設され、一時は米軍に接取されていたが、解除後の昭和24(1949)年に高等学校が移転、昭和27(1952)年には普通部も移ってきた。また、付近には太平洋戦争末期、日本海軍の連合艦隊司令部が置かれた地下壕も存在した。

東急車輌での牽引用車両（昭和28年）

京浜急行電鉄の金沢文庫～金沢八景間にあった東急車輌製造にあった電車。逗子まで車両を牽引し、デュアルゲージを走った。（矢崎）

撮影：江本廣一

撮影：荻原二郎

日吉付近の6000系（昭和35年）

昭和35（1960）年から東急から運用を開始した6000系（初代）。日吉付近を走る試運転時の姿である。

所蔵：フォト・パブリッシング

東横線5000系さようなら運転会（昭和55年）

惜しまれつつ東横線から姿を消した5000系。昭和55（1980）年のさようなら運転会、元住吉検車区での姿。

複々線区間を走る3000系（現在）

目蒲線の目黒～多摩川間を目黒線と改め、地下鉄南北線、三田線などと直通運転するため新型電車3000系が平成11年に登場した。

元住吉駅西口（現在）

平成18（2006）年、現在の場所に移動して島式ホーム2面6線の高架駅、橋上駅舎に生まれ変わった元住吉駅の西口。

日吉駅（現在）

昭和の終わりから平成にかけて、改良工事が実施された日吉駅。ホームは半地下の構造となり、その上には東急百貨店が存在する。

古地図探訪
昭和30年／元住吉駅・日吉駅付近

元住吉駅と日吉駅の周辺を特徴づけるのは、東急の車両基地と慶應義塾大学のキャンパスである。現在の元住吉検車区は、昭和3（1928）年に「元住吉工場」としてスタートし、昭和23（1948）年に元住吉検車区となった。その後、長津田車両工場の発足で、元住吉工場は廃止され、検車区部分が拡張されている。

戦前から存在した慶大日吉キャンパスは、この当時、「教養部」「運動場」となっており、現在では「慶應義塾高校」「日吉記念館」や少し離れた場所に「大矢上キャンパス」もできている。また、弓道場などがあるキャンパスの東側の地下を東海道新幹線が通っている。東横線の東側を走るのは、「都道・神奈川県道2号東京丸子横浜線」である。

つなしま・おおくらやま

綱島・大倉山

開業時の駅名、綱島温泉は戦前に繁栄
大倉精神文化研究所、大倉山公園あり

綱島

開 業 年	大正15(1926)年2月14日
所 在 地	横浜市港北区綱島西1-1-8
キ ロ 程	15.8km(渋谷起点)
駅 構 造	高架駅
ホ ー ム	2面2線
乗降人員	99,233人

大倉山

開 業 年	大正15(1926)年2月14日
所 在 地	横浜市港北区大倉山1-1-1
キ ロ 程	17.5km(渋谷起点)
駅 構 造	高架駅
ホ ー ム	2面2線
乗降人員	53,897人

綱島駅(昭和36年)

昭和38(1963)年に高架化される前、地上駅舎だった頃の綱島駅。屋根付きの構内踏切があり、この木造駅舎と結ばれていた。

撮影：荻原二郎

大倉山駅(昭和36年)

昭和40(1965)年頃まで使用されていた大倉山駅。昭和11(1936)年に地下道ともに新築された、天窓付きの木造駅舎だった。

撮影：荻原二郎

両運転台の3450(昭和31年)

荷物電車はモニ3041が定期検査などで使用できないときに使用された。半室運転台で座席が先頭まであるのがわかる。(矢崎)

撮影：竹中泰彦

東横線に乗り入れていた東京メトロ03系(平成24年)

地下鉄日比谷線が全通した昭和39年より開始されて以来半世紀近い歴史を刻んだ東横線との乗り入れも副都心線乗り入れ開始の平成25年に中止となった。

　綱島駅は大正15(1926)年2月の開業当時の駅名が「綱島温泉」だったことが示すように、かつては都心近郊の温泉の街として有名で、現在も銭湯などにその名残がある。大正時代初期から昭和50年代前半までは、温泉旅館が建ち並び、歓楽街として繁栄した歴史をもつ。しかし、交通網の発達や付近の宅地化などで温泉街は衰退した。現在の駅名は昭和19(1944)年、改称されている。

　綱島という地名は、この地が鶴見川や早渕川に挟まれた場所で、その中洲に由来するといわれ、別の説ではいくつかの連なる島だったことによるという。古くから鎌倉街道が通り、江戸と小田原を結ぶ中原街道が整備された

が、この道は綱島街道とも呼ばれた。江戸から明治にかけては、南・北の綱島村が存在し、明治22(1889)年には大綱村となり、昭和2(1927)年に横浜市に編入された。

　大倉山駅は、同じく昭和2年の開業時は「太尾駅(ふとおえき)」で、昭和7(1932)年に大倉山駅に改称されている。この地は太尾町と呼ばれていたが、昭和7年に「大倉精神文化研究所」が設立され、駅名も改められた。現在も、大倉山公園内には「横浜市大倉山記念館」が残されている。また、公園内に広がる梅林は、東急が乗降客を誘致するために植えたもので、沿線有数の観光地として、春には多くの花見客が訪れている。

大倉山付近の5000系（初代）（昭和29年）
大倉山付近の夏の畑が広がる中を悠々と走る5000系、3両編成の列車。奥の緑の山に大倉山記念館や公園がある。

綱島駅西口（現在）
昭和38（1963）年、高架駅になった綱島駅。東口は綱島街道方面、この西口は綱島公園方面に向けて開かれている。

大倉山駅（現在）
大倉山駅は、相対式ホーム2面2線を有する高架駅。高架下を通る道路は、南東に伸び、東海道新幹線の高架下も通過する。

大倉山駅のホーム（昭和29年）
大倉山駅のホームを通過する5000系（初代）3両編成の試運転列車。この頃のホームは木造の柱、屋根だった。

試運転で走る6000系（昭和28年）
2両編成で走っている写真は珍しい。営業運転は、当初4両編成であった。（矢崎）

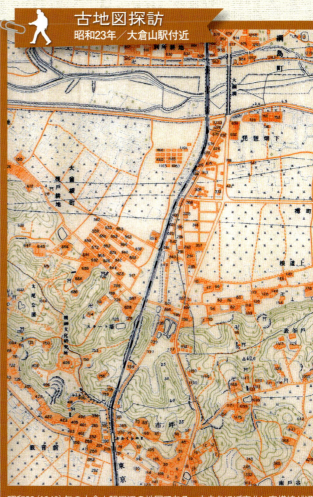

古地図探訪　昭和23年／大倉山駅付近

昭和23（1948）年の大倉山駅周辺の地図である。中央をほぼ南北に東横線が通り、東側には「綱島街道（県道2号）」が走っている。現在は、東海道新幹線が両者を斜めに横切るように走っている。東横線は、北側の小高い丘陵を切り開いた線路を通り、大倉山駅に至る。その南側には、豊かな田畑が広がっている。駅周辺で目立つ建物は、南東の大倉山高等学校である。昭和15（1940）年、「大倉山女学校」として創立された学校で、平成20（2008）年に「東横学園」（世田谷区）に統合され、閉校している。また、駅の北西には、駅名の由来となった「（大倉）精神文化研究所」と「太尾公園」が存在している。現在は、大倉山公園として整備され、「大倉山記念館」「太尾神社」などが存在する。

きくな・みょうれんじ

菊名・妙蓮寺

昭和2年、横浜線の駅と同年開業
浄土宗の寺院「妙蓮寺」門前から駅名

菊名

開業年	大正15(1926)年2月14日
所在地	横浜市港北区菊名7-1-1
キロ程	18.8km(渋谷起点)
駅構造	地上駅(橋上駅)
ホーム	2面4線
乗降人員	135,171人

妙蓮寺

開業年	大正15(1926)年2月14日
所在地	横浜市港北区菊名1-1-1
キロ程	20.2km(渋谷起点)
駅構造	地上駅
ホーム	2面2線
乗降人員	25,054人

菊名駅付近の5000系(昭和30年)
横浜線との交差付近のゆるやかなカーブを行く5000系(初代)。左側に伸びる線路は国鉄との貨物連帯輸送のための連絡線である。
撮影:竹中泰彦

菊名駅(昭和36年)
橋上駅舎となる前の東急の菊名駅木造駅舎。綱島街道に面して建てられていた。国鉄との共同駅のため、「東京急行」の文字は見えない。
撮影:荻原二郎

妙蓮寺駅(昭和36年)
明治41(1908)年に創建された寺院、妙蓮寺の敷地内に開設された妙蓮寺駅。踏切の奥には山門がのぞいている。
撮影:荻原二郎

　菊名駅は、JR横浜線と連絡する、沿線主要駅のひとつである。東急駅は昭和2(1927)年2月、国鉄駅は9月と、同じ年に開業した。

　菊名という地名、駅名の由来は、菊の咲く場所、「葛名」から変化したなどの諸説が存在する。「菊名貝塚」といわれる一群の貝塚が存在しており、縄文時代から多くの人が住んでいた場所であったことがわかる。江戸から明治にかけて、橘樹郡菊名村であり、その後は大綱村に編入され、昭和2(1927)年に横浜市神奈川区の一部となり、後に港北区が分離した。

　同年には、横浜線と東横線を結ぶ菊名連絡線が設けられ、昭和41(1966)年まで存在していた。また、この付近は鶴見川の水位が増し、東横線の線路が浸水することもあり、昭和44(1969)年から、横浜線と東横線の線路を嵩上げする工事が行われ、東横線の駅舎は橋上化されている。

　妙蓮寺駅は、付近に日蓮宗の寺院、長光山大経院妙蓮寺があることから、大正15(1926)年、妙蓮寺前駅として開業。昭和6(1931)年に妙蓮寺駅に改称した。菊名駅が港北区菊名7丁目にあるのに対し、この妙蓮寺駅は菊名1丁目に存在する。この妙蓮寺駅には、各駅停車のみが停車する。

菊名付近の5000系（初代）（昭和30年）
満開の桜をバックに菊名付近を快走する5000系（初代）の急行。現在でも、菊名桜山公園は八重桜（サトザクラ）の名所として知られる。

撮影：竹中泰彦

菊名駅東口（現在）
JR菊名駅とは反対側に開かれている菊名駅の東口。綱島街道から少し入った道路上に、菊名駅前のバス停が設けられている。

妙蓮寺駅正面口（現在）
妙蓮寺駅は、相対式ホーム2面2線の地上駅。以前はこの上り線側（正面口）だけだった改札口だが、現在は下り線側にも東口が設置されている。

古地図探訪
昭和23年／菊名駅付近

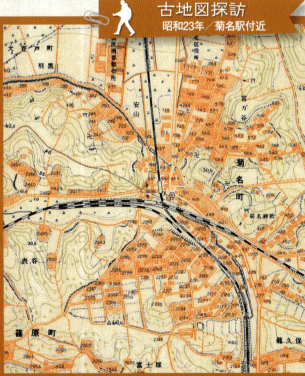

昭和23（1948）年の菊名駅周辺の地図である。東横線と横浜線の接続駅であるが、現在のように駅舎では連絡しておらず、「菊名連絡橋」と呼ばれる通路が存在していた。駅の東側に名前の見える菊名神社は、もともとあった5社の村社が合祀されたもので、その後、「八幡神社」のあった現在地、菊名駅の北東に社殿が移されている。
菊名駅北西の「大豆戸（まめど）町」方面には、「高木学園」「横浜機器製作所」の文字が見える。現在は高木学園女子高校が存在し、後者は社名変更により、「アマノ株式会社本社」となっている。東横線の東側には「港北区役所」の文字もあるが、区役所の庁舎は現在、北側の大倉山駅南西に移転し、その跡地には港北図書館が建てられている。

はくらく・ひがしはくらく

白楽・東白楽

神奈川宿の伯楽から、白楽、東白楽駅
六角橋商店街は、神奈川三大商店街に

白楽

開業年	大正15(1926)年2月14日
所在地	横浜市神奈川区白楽100
キロ程	21.4km(渋谷起点)
駅構造	地上駅
ホーム	2面2線
乗降人員	43,853人

東白楽

開業年	昭和2(1927)年3月10日
所在地	横浜市神奈川区白楽12-1
キロ程	22.1km(渋谷起点)
駅構造	高架駅
ホーム	2面2線
乗降人員	13,220人

白楽駅(昭和36年)
白い大きな文字が印象的な白楽駅の駅舎。昭和34(1959)年に相対式ホームに戻された下りホーム側にあった。

撮影:荻原二郎

撮影:荻原二郎

六角橋付近の横浜市電(昭和13年)
横浜市電の開業は明治37(1904)年で、70年近く「ミナト ヨコハマ」を走り続けた。東白楽駅に隣接している六角橋停留場は昭和3(1928)年開業。

白楽駅東口(現在)
橋上駅舎の2階部分に改札口がある白楽駅の東口。平成14(2002)年には、上り線のホーム(1階)に西口改札口が設けられた。

東白楽駅(現在)
□横浜県道12号横浜上麻生線を斜めに跨いだ形で設置されている東白楽駅。相対式ホーム2面2線を有する高架駅である。

　東横線が港北区から神奈川区に入り、最初の駅が白楽駅である。この付近の線路はゆるやかにカーブしながら、横浜駅を目指して南下することになる。
　白楽駅は大正15(1926)年2月に開業しており、駅名は所在地付近の地名から採られている。地名の「白楽」は、神奈川宿で旅人を運んだ伯楽(博労)に由来するといわれている。
　この駅の西側には横浜三大商店街のひとつ、六角橋商店街が続いている。白楽駅と六角橋交差点を結ぶ約500メートルのアーケードを中心に約160軒の商店があり、レトロな雰囲気も漂う。

　六角橋の地名の由来は、日本武尊がこの地に立ち寄った際に六角の箸で食事をし、六角箸村が「六角橋」になったという。現在は、テレビドラマなどのロケ(撮影)地になることも多い。
　東白楽駅は、東横線の開通から少し遅れた昭和2(1927)年3月の開業である。駅名の由来は、白楽駅の東にあることによるが、このあたりの東横線はほぼ南北に走っており、東寄りではあるが地図上では南にあたる。白楽駅と同様、特急・急行などは通過し、各駅停車のみが停車する。東白楽駅から先、しばらくすると東横線は地下区間となる。

百花繚乱の他社車両による東横特急

東急東横線は渋谷と横浜を結ぶ都市型路線で、東京メトロ副都心線、東武東上線、西武有楽町線・池袋線、横浜高速鉄道みなとみらい線と乗り入れを行っている。そのため、車種のバラエティには目を見張るものがあり、特急運用には自社の5050系のほか、東京メトロ10000系と7000系、東武50070型、9000型・9050型、西武6000系も使用される。なお、東横線に特急運転が開始されたのは平成13年3月であった。

東武50070型の東横線直通は少なく日中の時間帯では見ることが出来ない。

大きな円弧を描く先頭スタイルが特徴の東京メトロ10000系は特急に頻繁に使用。

東武の9000型改良の9050型も東横特急で使用されることもある。

西武の特急といえば有料の「レッドアロー」だが、東急線では6000系も特急で活躍。

東急の主役、5000系ファミリー（現在）
平成16年に東横線にデビューした5050系。当時は8両編成であったが、副都心線乗り入れの際10両編成も登場した。こちらは4000番代として区別している。また東横線には5000系8両編成も在籍している。このグループのもうひとつの5080系は目黒線で活躍中。

撮影：山田虎雄
東白楽を通過した7000系急行（昭和44年）
東白楽駅の開業が遅れたのは、関東大震災、復興局に計画道路の確定を待っていたためであるとされている。当初は地平ホームで開業したが3年後に立体交差工事に着手した。

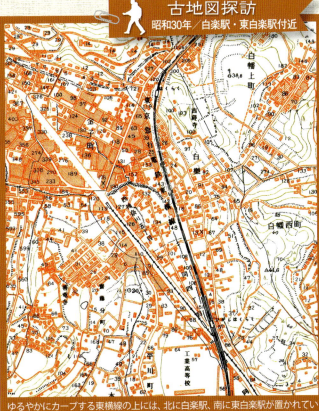
古地図探訪
昭和30年／白楽駅・東白楽駅付近

ゆるやかにカーブする東横線の上には、北に白楽駅、南に東白楽駅が置かれている。その西側には、「横浜上麻生道路（県道12号）」が通り、白楽駅の南東まで、横浜市電が伸びている。地図上には、「西神奈川五丁目」の文字が見えるが、現在は「西神奈川3丁目」と「六角橋2丁目」の境界となっている。ここには、六角橋の電停が存在しており、「六角橋商店街」にやってくる人々を運んでいた。東白楽駅の南西には、「工業高等校」の広い校地が見える。ここには現在、県立神奈川工業高校と県立神奈川総合高校が置かれている。前者は明治44（1911）年に開校し、画家や俳優など多彩な人材を送り出している。一方、後者は平成7（1995）年に開校した新しい高校である。

反町

たんまち

大正15年、終点・神奈川駅と同時開業
みなとみらい線の開通で、地下ホームに

開業年	大正15(1926)年2月14日
所在地	横浜市神奈川区上反町1-1
キロ程	23.2km(渋谷起点)
駅構造	地下駅
ホーム	1面2線
乗降人員	12,364人

反町付近の神幸祭(昭和30年代)
東横線が走るガードの下を洲崎大神(洲崎神社)の神幸祭の大神輿が通っていく。青木町に鎮座する洲崎大神の祭礼は6月に行われている。
所蔵:横浜市史資料室

地上駅だった頃の反町駅ホーム
横浜を出た上り電車はJR東海道線と並走する。トンネルを抜けるとすぐ反町。みなとみらい線開通後は地下駅になった。車両はインバータ制御の9000系。(矢崎)
撮影:矢崎康雄

反町駅(現在)
平成16(2004)年、反町駅は島式ホーム1面2線をもつ地下駅になった。この地上駅舎は平成18(2006)年から使われている。

　東白楽駅を出た東横線はやがて、最後の中間駅である反町駅に到着する。この駅は大正15(1926)年2月に開業している。平成16(2004)年、横浜高速鉄道みなとみらい21線との相互直通運転開始に伴い、地下化されている。平成18(2006)年から現在の駅舎が使われている。

　駅の所在地は、神奈川区上反町1丁目である。「反町」の地名、駅名の由来は諸説あり、「段町」から転訛したという説、単位として使われる「反」から来た説、休耕地の「ソリ」による「ソリマチ」から変わったなどの説がある。

　反町駅が最寄り駅となる寺院が、曹洞宗の寺院、青木山本覚寺である。この寺は嘉禄2(1226)年の創建で、当初は臨済宗の寺院だった。幕末には一時、アメリカ領事館となった歴史があり、当時、日本初のペンキで白く塗られた山門が現存する。

東急の廃線区間（横浜～桜木町）

東横線は昭和3(1928)年に高島町（当時・高島）、昭和7(1932)年に桜木町まで延伸した。平成16(2004)年、みなとみらい線の開業に伴い、横浜～桜木町間が廃止されるまで、桜木町駅は東横線の終点駅として、国鉄（現・JR）線と連絡していた。同様に昭和30年代までは国鉄線（東海道電車線）の終点でもあり、乗り換え客も多かった。

撮影：荻原二郎

高島町駅（昭和56年）
高架下にあった高島町駅の駅本屋。国鉄（現・JR）にも高島町駅は存在したが、ともに廃止され、現在は横浜市営地下鉄ブルーラインに駅がある。

撮影：吉村光夫

桜木町駅、複線開通記念式（昭和31年）
開業以来、高島町～桜木町間は単線だったが、ようやく昭和31(1956)年9月に複線化され、竣工式が行われた。

撮影：矢崎康雄

高島町駅（平成16年）
横浜高速鉄道みなとみらい線開通後、乗り入れで横浜～桜木町が廃止、この区間にあった高島町駅は廃止になった。横浜～桜木町は並行して地下鉄が通っており高島町の駅もある。（矢崎）

所蔵：横浜市史資料室

桜木町駅（昭和33年）
幕末の神奈川（横浜）開港から1世紀、「開港百年祭」の開催で賑わいを見せる国鉄、東急桜木町駅の駅前風景。

古地図探訪
昭和30年／反町駅付近

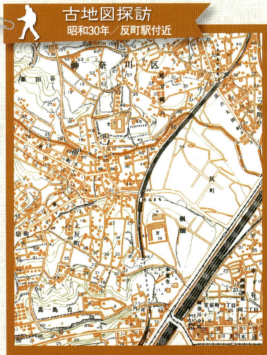

昭和30(1955)年の反町駅付近の地図である。駅の東側、反町、桐畑方面には白い空白部分の土地が広がっている。昭和24(1949)年に「日本貿易博覧会」が開催された「第二会場」（第一会場は、野毛山公園）の跡地である。博覧会開催時には、最寄り駅として東横線に「博覧会場前」駅が設置されていた。ここには戦前、新太田町駅が存在したが、昭和20(1975)年5月の横浜空襲で焼失。その後、廃止された駅を仮駅として復活させた形だった。
その南側には、「横浜市立青木小学校」と「本覚寺」が存在している。また、東横線の線路の反対側に見えるのは、「三寶寺」と「大綱金比羅神社」である。また、南側を走る京急本線には「京浜神奈川駅」が見え、現在は神奈川駅と改称されている。

よこはま
横浜

昭和3年、高島(町)まで延伸時に開業
みなとみらい線に直通、JRなどに連絡

開業年	昭和3(1928)年5月18日
所在地	横浜市西区南幸1-1-1
キロ程	24.2km(渋谷起点)
駅構造	地下駅
ホーム	1面2線
乗降人員	348,681人

横浜駅付近の俯瞰 (昭和40年代)
西口方向の上空から見た横浜駅付近の俯瞰。この頃は海側に高島貨物駅が広がっており、東口も再開発が待たれていた。

所蔵：横浜市史資料室

撮影：荻原二郎

横浜駅改札口 (昭和36年)
横浜駅(東急)西口側高架下の改札口、階段付近の夜景。「入口」「出口」などのレトロな雰囲気の表示板が光っている。

国鉄横浜駅 (昭和45年)
東横線の横浜駅が開業した同じ年(昭和3年)の10月に移転開業した3代目の国鉄横浜駅。

撮影：高橋義雄

　東京横浜電鉄(現・東急東横線)の横浜駅が開業したのは、昭和3(1928)年5月である。この年10月には、国鉄の駅が現在地に移転、3代目の横浜駅となっている。昭和5(1930)年2月には、京浜電気鉄道(現・京急電鉄)の横浜駅も開業している。さらに昭和8(1933)年には、神中鉄道(現・相模鉄道)の駅も開業し、ミナト横浜の中心地、ターミナル駅としての存在が大きくなっていった。

　この横浜駅の開業時には、隣りの「高島(後の高島町)」が終点駅だったが、昭和7(1932)年に桜木町まで延長されている。その後、長く桜木町駅が終点だったが、平成16(2004)年1月、横浜〜桜木町間の営業が終了した。一方、これに伴い、2月からは横浜高速鉄道みなとみらい21線が開業し、東横線との相互直通運転が開始されており、地下鉄副都心線を介して東武東上線、西武有楽町線・池袋線へも乗り入れている。

　東急の横浜駅は、西口の地下に位置しており、その南側の地上に相鉄の横浜駅が置かれている。JR線を挟んで東口には京急の横浜駅がある。JR(国鉄)の横浜駅は、初代駅が明治5(1872)年、日本初の鉄道である新橋〜横浜間が開通したときの現・桜木町駅である。2代目横浜駅は大正4(1915)年、現在の地下鉄の高島町駅付近に開業したが、大正12(1923)年の関東大震災で焼失している。

横浜駅付近の東横線（平成16年）
国鉄線の上を渡って、桜木町方面に伸びていた東横線。手前には、京浜急行線の駅と列車、西口方面には高島屋横浜店が見える。（矢崎）

横浜〜高島町間（平成16年）
写真左手が横浜方向。並行するJRは根岸線。日本最初の鉄道もこの地区を埋め立てて建設され、一帯は明治時代の埋立地。遠くに海も見えているが再開発で様子は一変。（矢崎）

横浜駅の8500系（昭和51年）
昭和42年に相対式ホームとなった東横線の横浜駅。写真は10番線に到着した渋谷行き。この当時9番線は桜木町行きのホームであった。

横浜駅（現在）
横浜駅西口の東急駅、地上出入り口の付近では、再開発が続けられている。東急線のホームは、地下5階にある。

古地図探訪
昭和23年／横浜駅付近

戦後間もない昭和23(1948)年の横浜駅の周辺の地図である。駅の西側、東側ともにまだ開発が進む前で、現在とは隔たりの大きな姿を見せている。西口側には、東急東横線の横浜駅が置かれ、その南側に相鉄の駅もある。東横線は国鉄線の上を通って、南東側に伸び、桜木町駅に至っていた。
まず、目につくのは東口方面、南東（海）側に広がる高島貨物駅である。一方、西口側には空白の部分が目立ち、高島屋横浜店や相鉄ジョイナスなどはまだなかった。現在では、みなとみらい線や横浜市営地下鉄ブルーラインが開通し、首都高速神奈川1号横羽線、2号三ツ沢線も誕生している。そごう横浜店が誕生した東口とともに、横浜駅の東西は大きく変化している。

めぐろ

目黒

大正12年、目蒲線の始発駅として開業
JR山手線連絡、現在は地下鉄線も接続

開業年	大正12(1923)年3月11日
所在地	品川区上大崎4-2-1
キロ程	0.0km(目黒起点)
駅構造	地下駅
ホーム	1面2線
乗降人員	251,530人(東急)

目黒駅前の目黒通り(昭和戦前期)
市電が列を成して進んでいく目黒駅前の目黒通り。行人坂、権之助坂など坂の多い街であり、ゆるやかな坂道が続いている。

提供:しながわWEB写真館(品川区)

目黒駅(昭和37年)
資材置き場や駐車場が広がっている目黒駅付近の風景。奥の左手に見えるビルが東急の目黒駅である。

目黒駅(現在)
交通量の多い目黒通りに開かれている、東急の目黒駅の地上出入り口。地下ホームで、都営地下鉄三田線、東京地下鉄南北線と接続している。

撮影:荻原二郎

目黒駅(昭和36年)
昭和28(1953)年に完成したガラス張りの目黒駅。国鉄線乗り場を示す大きな紙が貼られている。

昭和14年生まれの3500系(昭和54年)
山手線ホームより高所にあった目蒲線の目黒を出ると右にゆるくカーブ、目黒川を渡る。地下化で窓からのいい景色は消えた。(矢崎)

　目黒蒲田電鉄目蒲線(現・東急目黒線)の目黒駅が開業したのは大正12(1923)年3月である。それ以前の明治18(1885)年には、日本鉄道品川線(現・JR山手線)の目黒駅が誕生しており、このときに連絡駅となった。

　この目黒という地名、駅名の由来には、諸説がある。「馬」と「畦道」を意味する「馬畔(めぐろ)」から生まれた説。谷を表す「め」と嶺を表す「くろ」が結合したという説。五色不動尊のひとつ、目黒不動尊が由来という説などである。明治22(1889)年には東京府荏原郡の4つの村がもとになった目黒村が誕生し、大正11(1922)年に目黒町となった。昭和7(1932)年には碑衾町とともに東京市に編入され、目黒区が生まれている。

　もっとも、目黒駅の所在地は、東急が品川区上大崎4丁目、JRが上大崎2丁目で、ともに目黒区内ではない。これは駅の開設時に目黒村ではなく、大崎村に置かれたからである。また、目黒といえば落語「目黒のさんま」が有名だが、もともと海のない場所で、魚が獲れるはずもない。現在では、目黒区と品川区の両方で、「目黒のさんま祭り」が開催されている。平成12(2000)年に地下鉄の目黒駅が開業し、接続駅となった。現在、東急目黒線からは都営地下鉄三田線の西高島平までと、東京メトロ南北線を経由して埼玉高速鉄道の浦和美園まで乗り入れが行われている。

撮影：安田就視

目黒川橋梁（昭和54年）
桜の名所として知られる目黒川の橋梁を渡る目蒲線。目蒲線の一時代を築いた、オールグリーンの編成である。

目黒線を走る他社車両

平成12年に都心への新しいルートとして東急目蒲線の目黒〜田園調布間及び東横線の田園調布〜武蔵小杉間を複々線化し（後に日吉まで延伸）このルートを東急目黒線として改称した。ほぼ同時期に地下鉄南北線と地下鉄三田線との相互直通運転を開始。また、南北線の北に接する埼玉高速鉄道も加わり一大幹線と変貌した。

都営三田線の6300系。当初三田線は東武東上線・東急池上線との直通運転が計画されていた。顔付きは東急3000系と似ている。

東京メトロ9000系。南北線用に平成2年に登場した最初の車両は写真の車両と前面の形が大きく異なる。

埼玉高速鉄道2000系。南北線の車両と似たつくり。東急線内では地下鉄区間では見にくい車両の外観の全貌がよくわかる。

古地図探訪
昭和30年／目黒駅付近

現在は、2つの地下鉄線と接続し、地下路線となっている目黒線は、この時期、国鉄目黒駅の西側（地上）から列車が発着していた。目黒線は、この地図の先（下）で目黒川を渡り、次の不動前駅に至る。目黒駅の周辺は坂の多い場所で、歌謡曲でも知られる「権之助坂」の表示がまず目につく。駅の南側を通る道路は、目黒通りである。

駅周辺には、雅叙園、参議院議長公邸、日出女子学園、杉野女子短大などが存在した。このうち、雅叙園は昭和6（1931）年のオープンから現在まで、結婚式場・ホテル・レストラン（料亭）として広く知られる複合施設である。また、日出女子学園は大正年間からこの地にキャンパスを構え、歌手・女優の山口百恵、菊池桃子、原田知世らの出身校としても有名である。

ふどうまえ・むさしこやま・にしこやま

不動前・武蔵小山・西小山

不動尊の門前駅、当初は「目黒不動前」
長い商店街で知られる武蔵小山、西小山

撮影：荻原二郎

不動前駅（現在）
地下駅が主体の目黒線のこの区間で、唯一、高架駅となっている不動前駅。駅舎は閑静な住宅街の中にある。

不動前駅（昭和36年）
小さな木造駅舎に駅前の売店。その前を買い物かごを下げたおかみさんたちが歩く昭和の風景。約半世紀前の不動前駅の駅前である。

撮影：荻原二郎

武蔵小山駅西口（現在）
平成18（2006）年、島式ホーム2面4線を有する地下駅になった武蔵小山駅。平成22（2010）年に駅ビルが誕生した。

武蔵小山駅（昭和36年）
地下の本屋に下りる階段が見える武蔵小山駅西口の駅舎。この当時から駅前には広い空間があった。

　不動前駅は大正12（1923）年3月に開業した。この当時の駅名が「目黒不動前」であったことが示すように、目黒不動尊（瀧泉寺）の最寄り駅として、参拝客が利用した。同年10月、現在の駅名に改称されている。平成15（2003）年、高架駅となった。

　武蔵小山駅は大正12年3月の開業時は小山駅で、翌年に現在の駅名に改められた。駅の所在地は、品川区小山3丁目であるが、この地名、駅名の由来には複数の説が存在する。近隣の荏原7丁目にある小山八幡神社が由来とする説、小高い山である「小山」から来たという説などが有力である。

　この武蔵小山駅周辺は、賑やかな商店街が存在することで知られており、中でも武蔵小山商店街「パルム」は都内最長の800メートルのアーケードを誇る。約250軒の店舗があり、その先には都内有数の戸越銀座商店街が続いている。

　西小山駅は目蒲線の開通から少し遅れた昭和3（1928）年8月の開業である。駅の所在地は小山6丁目であり、武蔵小山駅とは0.7キロしか離れていない。また、この先の洗足駅との距離も同じ0.7キロである。なお、武蔵小山駅には急行が停車するが、不動前、西小山駅は各駅停車のみが停車する。

不動前

開業年	大正12(1923)年3月11日
所在地	品川区西五反田5-12-1
キロ程	1.0km(目黒起点)
駅構造	高架駅
ホーム	2面2線
乗降人員	28,909人

武蔵小山

開業年	大正12(1923)年3月11日
所在地	品川区小山3-4-8
キロ程	1.9km(目黒起点)
駅構造	地下駅
ホーム	2面4線
乗降人員	50,999人

西小山

開業年	昭和3(1928)年8月1日
所在地	品川区小山6-3-10
キロ程	2.6km(目黒起点)
駅構造	地下駅
ホーム	1面2線
乗降人員	35,356人

提供:しながわWEB写真館(品川区)

西小山駅(現在)
平成18(2006)年、島式ホーム1面2線の地下駅となった西小山駅。東急ストアなどが入居する駅ビルは平成20(2008)年に完成した。

武蔵小山駅付近(昭和31年)
山の手にありながら「下町」の空気が漂う武蔵小山駅の周辺。駅付近の踏切を渡る人々の姿は、昔の映画のワンシーンのようだ。

「日本地理風俗体系」所収

小山銀座商店街(昭和戦前期)
武蔵小山駅前から伸びている小山銀座商店街。戦前には、近くに荏原区(現・品川区の一部)の区役所が置かれており、大いに賑わっていた。

古地図探訪
昭和30年/不動前駅・武蔵小山駅・西小山駅付近

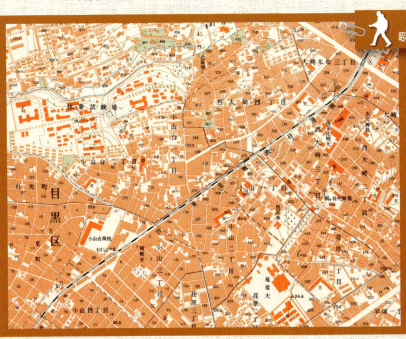

昭和30(1955)年の不動前駅・武蔵小山駅・西小山駅周辺の地図である。この付近の目蒲線(現・目黒線)は、品川区と目黒区の境目の南側を走っている。線路の北側の品川区内には、不動前駅周辺に品川区立第四日野小学校、武蔵小山駅周辺に都立小山台高校が存在している。また、線路の南側、武蔵小山駅の北東には品川区立後地小学校がある。
一方、目黒区側には林業試験場の広い敷地が見える。ここは現在「林試の森公園」に変わっている。この地にあった林野庁の林業試験場は明治33(1900)年に「目黒試験苗圃」としてスタートした研究機関だったが、昭和53(1978)年につくば市に移転し、平成元(1989)年に東京都の公園として開園している。

せんぞく・おおおかやま・おくさわ

洗足・大岡山・奥沢

洗足、大岡山、奥沢は大正12年に開業
この3駅は目黒、大田、世田谷区に分散

洗足

開業年	大正12(1923)年3月11日
所在地	目黒区洗足2-21-1
キロ程	3.3km(目黒起点)
駅構造	地下駅
ホーム	2面2線
乗降人員	14,481人

大岡山

開業年	大正12(1923)年3月11日
所在地	大田区北千束3
キロ程	4.3km(目黒起点)、4.8km(大井町起点)
駅構造	地下駅
ホーム	2面4線
乗降人員	47,138人

奥沢

開業年	大正12(1923)年3月11日
所在地	世田谷区奥沢
キロ程	5.5km(目黒起点)
駅構造	地上駅
ホーム	2面3線
乗降人員	13,636人

洗足駅(昭和35年)
田園都市会社が最初に分譲した住宅地の玄関口だった洗足駅。駅舎の向こうにパン、果物店が見える。自転車で行くのは、現在は姿を消した羅宇屋(キセルを掃除する職人)の男性。

撮影:荻原二郎

奥沢駅(昭和36年)
自転車に乗った男の子たちが駆け抜けてゆく奥沢駅の駅前風景。この下り線側に改札口があり、反対側の上り線側に駅本屋があった。

撮影:荻原二郎

大岡山駅(昭和34年)
南北を結ぶ構内地下道が設けられていた大岡山駅。現在の駅からは連想できない、レトロな木造駅舎を備えていた。

大岡山駅の駅前通り(昭和戦前期)
歩道の脇に自転車の姿が目立つ、大岡山駅の駅前通り。東工大が引っ越してきた街には、学生の姿も目立っていたといわれる。

「日本地理風俗体系」所収

　洗足駅は大正12(1923)年3月の開業である。「洗足」の地名、駅名は付近にある洗足池に由来している。駅周辺の土地は、田園都市株式会社により、「洗足田園都市」として分譲された場所である。なお、同じ東急の池上線には、約1キロ離れた場所に洗足池駅がある。

　次の大岡山駅の開業は、洗足駅や、ひとつ先の奥沢駅と同じ大正12年3月である。駅の開業から4年後の昭和2(1927)年7月には、同じ目黒蒲田電鉄(現・東急電鉄)の大井町線が開業して連絡駅となっている。「大岡山」の地名、駅名の由来には複数の説があり、小高い山が続く地形からきたという説、大地主の岡田家が所有していた山であることから付けられたという説がある。

　この大岡山駅は、東京工業大学の最寄り駅として有名だが、その起こりは関東大震災後の大正13(1924)年、前身の東京高等工業学校が、蔵前から移転してきたことによる。

　奥沢駅の駅名の由来は、呑川の下流からみて「奥深い沢」という意味である。明治9(1876)年に奥沢本村と奥沢新田村が合併して奥沢村ができ、明治22(1889)年に他の7村と一緒に玉川村の一部となり、昭和7(1932)年に東京市に編入された。奥沢には目黒線の車両の基地(元住吉検車区奥沢車庫)がある。

大岡山駅（昭和45年）
デハ3500形先頭のの目黒行きの列車が停車している大岡山駅のホーム。奥には、この駅が最寄駅となる東京工業大学のキャンパスが広がる。
撮影：山田虎雄

連続立体化工事中、右は仮線（昭和42年）
池上線の地下化は洗足駅が最初。東急は線路の立体化に早くから取り組んでいた。工事の期間中、電車は徐行した。（矢崎）
撮影：荻原二郎

目蒲線に転属後の5200形（昭和61年）
3両ともパンタグラフが上っている。昭和33（1958）年の登場時は3両、翌年、中間車新製により4両化（この時点はまだ3両）。右の2線は大井町方向。（矢崎）
撮影：荻原二郎

洗足駅（現在）
昭和42（1967）年、環状7号線との立体化工事が完成し、地下駅となった洗足。コンパクトな造りの駅舎である。

大岡山駅（現在）
東急病院と一体化されている大岡山の駅舎。平成19（2007）年に開業し、駅の真上の病院は日本初の試みだった。

奥沢駅南口（現在）
奥沢駅は、単式ホーム1面1線と島式ホーム1面2線を有する地上駅。下りホーム側には駅ビル1階に西口改札が設けられている。

古地図探訪
昭和4年／洗足駅・大岡山駅付近

昭和4（1929）年の洗足駅・大岡山駅周辺の地図である。この大岡山駅は、現在の品川区と目黒区の区境付近に存在し、西側には世田谷区となっているが、この頃は東京市の「旧35区」が誕生する前で、馬込町・荏原町・池上町の表示が見える。
洗足駅の南西には現在、環状七号線が通っているが、この時期はまだ整備されていなかった。また、大岡山駅の南北には、現在もこの駅が最寄り駅として知られる東京工業大学のキャンパスが存在している。東工大の大岡山キャンパスは、関東大震災後に誕生している。

いけじりおおはし
池尻大橋

開業年	昭和52(1977)年4月7日
所在地	世田谷区池尻3-2
キロ程	1.9km(渋谷起点)
駅構造	地下駅
ホーム	2面2線
乗降人員	60,758人

玉川線時代には「大橋」「池尻」に電停
昭和52年、新玉川線に「池尻大橋」駅

池尻大橋駅北口(現在)
国道246号(玉川通り)の歩道上に設けられている池尻大橋駅の北口。奥の歩道上には、エレベーターも設置されている。

撮影:竹中泰彦

上通付近のデハ200形(昭和30年)
2車体連結車のデハ200形(203)の試運転車が上通付近に差し掛かる。自動車やバスを従えて走る気品のある姿。

撮影:小川峯生

大橋付近のデハ40形(昭和35年)
渋谷に向かってゆるやかなカーブを下ってゆくデハ40形。交通量が増えてきた玉川通り(国道246号)を走っていた。

撮影:荻原二郎

三宿付近のデハ70形(昭和36年)
池尻大橋~三軒茶屋間の三宿付近、玉川通りを走るデハ70形。電車の後ろには、自動車の列が続いていた。

　昭和52(1977)年4月、新玉川線の開通で誕生した池尻大橋駅だが、玉川線の時代には、池尻、大橋という2つの駅(電停)が存在していた。現在も、国道246号(玉川通り)を走る路線バスには、世田谷区内の池尻、目黒区内の大橋という2つの離れたバス停がある。当初、駅名は「大橋池尻」になる予定だったが、最終的には現在の駅名が採用されている。なお、駅の所在地は世田谷区池尻3丁目である。

　こうしたいきさつからも、もともとは「池尻」と「大橋」という2つの地名があったことがわかる。「池尻」の地名は、このあたりが北沢川と烏山川が合流する沼沢地帯で、その出口であることを意味している。以前は、荏原郡池尻村が存在していた。一方、「大橋」は、江戸時代後期に目黒川に架けられた橋に由来する。その橋は現在、国道246号に架かる橋に変わっている。

　平成12(2000)年8月、新玉川線が田園都市線に改称されて同線の駅となった。開業当時から、相対式ホーム2面2線を有する地下駅である。地上出入口は、東西南北の4ヶ所があり、国道246号の歩道上に開かれている。玉電時代は、三軒茶屋間に「三宿」「太子堂」電停が存在した。

玉電の大橋車庫

玉電の車庫は、渋谷駅にも近い大橋に置かれていた。現在も、その存在を後世に伝える玉電の説明版が「目黒区みどりの散歩道」に設置されている。

この「大橋車庫」の付近にかつては、玉電を動かす原動力である「大橋変電所」も存在した。玉電の廃止後、車庫は東急バスの車庫（大橋営業所）となったものの、首都高速道路の開通に伴い廃止されて、跡地は大橋ジャンクションに変わっている。

大橋車庫で出番を待つデハ80形と200形（昭和43年）
撮影：高橋義雄

ズラリと並んだ玉電の車両。左からデハ40形2両、80形、20形（昭和28年）
撮影：荻原二郎

大橋車庫に並ぶデハ30形、40形（昭和43年）
撮影：高橋義雄

古地図探訪
昭和4年／池尻大橋駅付近

一直線に伸びる現在の国道246号（玉川通り）の上を、玉川線が通っており、大橋・池尻・三宿の電停が見える。上流からきた北沢用水は、大橋付近を通り、目黒川となって中目黒方面に流れてゆく。地図上でまず、目につくのは北側に広がる旧日本陸軍の諸施設である。ここには「騎（兵）一聯（連）隊」「近（衛）輜（重）大隊」「輜（重）一大隊」など、陸軍の中心部隊が駐屯していた。現在、池尻大橋駅の北西には「騎兵山」といわれる小高い丘が存在し、騎兵第一連隊長だった秋山好古が建立した石碑も残っている。

このあたりの玉川通り、玉電沿線には氷川神社に由来する「氷川」や「池尻」「大橋」のほか、「東町」「北町」「西町」などの地名も存在していた。池尻電停の南西、「東町」の文字があるあたりに見える鳥居の地図記号は池尻稲荷神社で、現在は世田谷区池尻2丁目に存在している。

さんげんぢゃや

三軒茶屋

田園都市線に地下駅、世田谷線に地上駅
大山街道に存在した、三軒の茶屋が由来

開業年	昭和52(1977)年4月7日
所在地	世田谷区太子堂2-15
キロ程	3.3km(渋谷起点)
駅構造	地下駅
ホーム	2面2線
乗降人員	128,407人

撮影：荻原二郎

三軒茶屋駅のホーム(現在)
昭和52(1977)年4月に開業した三軒茶屋駅の地下ホームは、相対式2面2線の構造である。

三軒茶屋付近のデハ40形(昭和36年)
自動車の間を潜り抜けて、電車に乗り込む人たちがいる三軒茶屋の電停付近。デハ40形、二子玉川園行きの電車である。

撮影：田尻弘行

撮影：荻原二郎

三軒茶屋付近のデハ150形(昭和44年)
昭和39(1964)年に投入された、デハ150形の連結車。全鋼製車で、最初からパンタグラフを使用していた。

三軒茶屋駅(昭和52年)
新玉川線が開通し、「祝玉川線開通記念大売出し」立て看板が見える三軒茶屋駅の北側、地上出入口。

　国道246号と世田谷通りの分岐点に位置するのが三軒茶屋駅である。この駅の北西、キャロットタワーの北側には東急世田谷線の三軒茶屋駅が存在し、連絡駅となっている。

　駅の歴史は、玉川電気鉄道(後の東急玉川線)の時代にさかのぼる。明治37(1904)年3月に開業し、昭和44(1969)年5月に廃止されるまで、地上(併用軌道上)に三軒茶屋駅が存在した。昭和52(1977)年4月、新玉川(現・田園都市)線が開業したが、こちらは地下区間(の駅)でのスタートとなった。一方、世田谷線の駅は大正14(1925)年1月の開業で、平成8(1996)年11月に現在地に移転している。田園都市線が相対式ホーム2面2線の地下駅、世田谷線が頭端式ホーム2面1線の地上駅である。

　三軒茶屋の地名・駅名の由来は江戸時代、大山道(現・国道246号)と登戸道(現・世田谷通り)の追分(分岐点)に信楽・角屋・田中屋の3軒の茶屋が並んでいたことによる。もともとは、東京府荏原郡の中馬引沢村、太子堂村などに含まれていたが、昭和7(1932)年に東京市世田谷区に編入された際に、三軒茶屋の地名が採用された。現在の駅所在地は、田園都市線が世田谷区太子堂2丁目、世田谷線が太子堂4丁目で、どちらも三軒茶屋1丁目・2丁目には含まれていない。

三軒茶屋駅（現在）
玉川通り（国道246号）、世田谷通り、茶沢通りが集まる交差点の地下に設けられている三軒茶屋駅。世田谷線三軒茶屋駅への案内板が見える。

三軒茶屋交差点のデハ200形（昭和43年）
左は二子玉川方面、奥は下高井戸方面に分かれる三軒茶屋ジャンクション。渋谷方面に向かっているデハ200形。

撮影：小川峯生

三軒茶屋のデハ70形（昭和37年）
玉川線と下高井戸支線（現・世田谷線）の分岐点付近を走るデハ70形。右側の道路脇には電柱が林立し、医院などの広告が貼り付けられている。

撮影：小川峯生

中里付近の専用軌道（昭和43年）
三軒茶屋〜上馬間の約800メートルにわたり設けられていた玉川通り西側の専用軌道。デハ40形が走る。

撮影：荻原二郎

上馬停留場付近（昭和43年）
交通量が増大した玉川通り。タクシーやトラック、バスの波に埋もれそうになっている玉電が上馬停留場にやってきた。

古地図探訪　昭和4年／三軒茶屋駅付近

現在の国道246号を走ってきた玉川電気鉄道は、太子堂電停を過ぎると「三軒茶屋」の電停に到着する。ここで玉川線（廃止、現在は田園都市線）と世田谷線（現・東急）に分かれることになる。三軒茶屋電停から先の玉川線は、厚木（大山）街道の上（併用軌道）を進むが、途中からは専用軌道上を行くことになる。
三軒茶屋電停周辺の地名は、地図外（北東）にある「円泉寺」に由来する太子堂と三軒茶屋に分かれていた。電停の北西には、江戸（東京）の「五色不動」のひとつ目青不動が存在する。この寺の正式名称は、竹園山最勝寺教学院で天台宗、寛永寺の末寺のひとつである。本尊は阿弥陀如来だが、札所本尊の秘仏で、廃寺となった観行寺の本尊だった不動明王像が存在することから、目青不動と呼ばれている。

こまざわだいがく・さくらしんまち・ようが

駒沢大学・桜新町・用賀

大学ゆかりの駒沢大学、桜と新町で駅名
「ヨガ」由来、玉電時代は専用軌道に駅

駒沢大学

開業年	昭和52(1977)年4月7日
所在地	世田谷区上馬4-3
キロ程	4.8km(渋谷起点)
駅構造	地下駅
ホーム	1面2線
乗降人員	73,760人

桜新町

開業年	昭和52(1977)年4月7日
所在地	世田谷区桜新町2-8
キロ程	6.3km(渋谷起点)
駅構造	地下駅
ホーム	2面2線(二層構造)
乗降人員	68,794人

用賀

開業年	昭和52(1977)年4月7日
所在地	世田谷区用賀2-39
キロ程	7.6km(渋谷起点)
駅構造	地下駅
ホーム	2面2線
乗降人員	61,348人

撮影：荻原二郎

駒沢付近のデハ70形(昭和38年)
左手に見える小さな駅舎が設けられていた駒沢停留場付近を走るデハ70形(71)。玉川線の廃止後は世田谷線に移り、後に車体が更新された。

撮影：荻原二郎

桜新町付近のデハ80形(昭和36年)
高度成長期を代表するラジオ・テレビショップ(電気店)の前を行くデハ80形。こちらは昭和20年代に28両が製造された。

桜新町駅北口(現在)
地下2階に下り線、同3階に上り線のホームが設けられている桜新町駅。この北口のほか、南口と西口の3か所の地上出入り口がある。

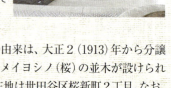

用賀駅(現在)
地上28階のタワー棟をもつ「世田谷ビジネススクエア」の地下階と直結している用賀駅。地上出入り口も独特の構造である。

　駒沢大学駅は昭和52(1977)年4月に開業した、島式ホーム1面2線を有する地下駅である。駅の所在地は、世田谷区上馬4丁目で、かつて玉川線時代には真中電停(駅)があった場所である。なお、玉電時代には国道246号駒沢交差点付近に駒沢電停が存在した。

　現在は、駅名の通り、駒沢大学の最寄り駅として学生の姿が多い駅だが、現在の駒沢オリンピック公園総合運動場は、戦前には「東京ゴルフ倶楽部」といわれるゴルフの名門コースだった。

　次の桜新町駅は、玉電時代の桜新町電停の歴史を引き継いでいる。明治40(1907)年4月に「新町電停」として開業し、昭和44(1969)年5月に廃止されたが、昭和52年4月に新玉川線の駅として復活した。

　桜新町の地名・駅名の由来は、大正2(1913)年から分譲された新町分譲地にソメイヨシノ(桜)の並木が設けられたことによる。駅の所在地は世田谷区桜新町2丁目。なお、同じ世田谷区には「桜」「新町」の地名もある。

　次の用賀駅は桜新町駅と同じく、玉電時代の「用賀電停」の歴史を引き継いでいる。この用賀電停は、専用軌道上にあり、上りホームには駅舎も存在した。用賀駅も同じく、玉電廃止後の昭和52年4月、新玉川線の駅として開業。現在は田園都市線の駅として、相対式ホーム2面2線を有している。地名・駅名の由来は、鎌倉時代に「ユガ(梵語)」の道場が開設されたことによるとされ、古くは用賀村が存在した。

用賀駅のデハ200形（昭和43年）
駅周辺に緑が多く残っている用賀駅。色彩的にも、玉川線の車両とよくマッチした風景を演出していた。

桜新町付近のデハ30形（昭和44年）
昭和2（1927）年から走り続けてきたデハ30形。昭和44（1969）年、玉川線廃止直前の「老兵の雄姿」である。

瀬田交差点のデハ80形（昭和43年）
玉川通りと環状8号線が交差する広い瀬田交差点で、デハ80形の渋谷行きが、対向車と交差してゆく。

古地図探訪
大正14年／駒沢大学駅・桜新町駅付近

大正14（1925）年当時の駒沢大学駅周辺の地図である。厚木（大山）街道（玉川通り）を走っている玉川電気鉄道（廃止、現在は田園都市線）の玉川線には、上馬・真中・駒沢の電停が置かれ、駒沢電停（駅）の先からは旧玉川通りに入り、弦巻の電停が置かれている。地図上で目立つのは、「弦巻」の文字が見えるあたりに存在する「駒沢高女校」と「渋谷水道給水場（渋谷水道）」である。渋谷水道給水場は、旧渋谷町営の給水所で、配水管が渋谷方面に伸びていた。現在は、東京都水道局の駒沢給水所となり、当時の「駒沢給水塔」が保存されている。「駒沢高女校」は現在、駒沢学園女子中学・高校である。
駒沢電停の南東には、駒沢大学のキャンパスが存在している。大正2（1913）年「曹洞宗大学」がこの地に移転、大正14年に駒澤大学に改称している

二子玉川

ふたこたまがわ

開業年	昭和4(1929)年11月1日
所在地	世田谷区玉川2-22-13
キロ程	9.4km(渋谷起点)
駅構造	高架駅(一部橋梁上駅)
ホーム	2面4線
乗降人員	79,383人

田園都市線と大井町線が高架駅で接続
多摩川で舟遊び、遊園地で賑わう頃も

併用軌道区間をソロソロと進む(昭和40年)
溝ノ口から道路併用の多摩川橋梁を渡り、二子玉川園駅に入る。7000形は昭和37(1962)年に登場した最初のオールステンレスカー。車体はその後50年以上持ちこたえている。(矢崎)

撮影:矢崎康雄

撮影:竹中泰彦

二子玉川園駅のプール電車(昭和30年)
二子玉川園駅に停車している「プール電車」。夏場、二子玉川園に開設されていたプールの利用者を運ぶ臨時列車には、主にデハ200形が使用されていた。(矢崎)

二子玉川駅(現在)
二子玉川駅は、2面4線のホームをもつ高架駅。改札口の先には、玉川通り方面への西口、二子玉川ライズ方面への東口が開かれている。

　現在は、田園都市線と大井町線の接続駅となっているのが二子玉川駅である。両沿線の主要駅であり、駅周辺は高級住宅地、それに伴うおしゃれな商業地として大いに発展している。

　この駅の歴史は明治40(1907)年4月に開業した、玉川電気鉄道の玉川駅から始まる。その後、昭和4(1929)年11月、目黒蒲田電鉄二子玉川線(現・大井町線)の二子玉川駅が開業している。前者の駅は遊園地の開園に伴い、昭和14(1939)年に「よみうり遊園」と改称した後、昭和15(1940)年に両線が統合され、二子読売園駅となった。

　その後も駅名の改称は続き、昭和19(1944)年には一時、現駅名の二子玉川駅となり、昭和29(1954)年に二子玉川園駅となった。昭和60(1985)年に遊園地(二子玉川園)が閉園された後、しばらく駅名は変更されなかったが、平成12(2000)年に現駅名に改称している。

　駅名の由来は、多摩川の対岸である川崎側の地名「二子」、東京(世田谷)側の地名「玉川」に由来する。このうち、「二子」は古くに存在した2つの古墳に由来し、二子村や「二子の渡し」が存在した。また、明治22(1889)年から昭和7(1932)年までは、荏原郡に玉川村が存在した。

二子玉川園の広々とした構内（昭和40年）
溝ノ口側から渋谷方向を見る。いちばん左は砧線の乗り場。右側が玉川線。この駅の当初の名前は「玉川」。遊園地の興廃でその駅名も変えている。二子は神奈川県の地名。（矢崎）

塗装合理化で緑一色時の混色編成（昭和42年）
長津田開業翌年の撮影。昭和初期生まれデハ3450形の間に、戦後生まれのクハ3850形がいる「親子連れ」。（矢崎）

道路併用の多摩川橋梁を進む下り電車（昭和40年）
この区間はもともと玉電の線路であったところを、線路幅を1067ミリに直し、大井町線を溝ノ口に直通させたもの。（矢崎）

古地図探訪
昭和4年／二子玉川駅付近

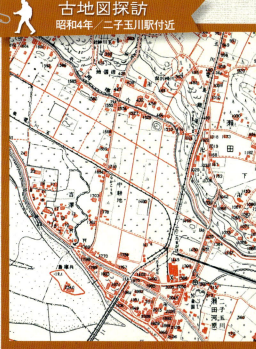

昭和4（1929）年、現在の二子玉川駅周辺の地図である。玉川電気鉄道（玉電）の玉川線は、多摩川に架かる二子橋を渡り、二子新地方面に伸びている。地図上に見える電停は、遊園地前と玉川である。この玉川電停からは、中耕地方面に支線の砧線が伸びている。一方、その東側には、目黒蒲田電鉄（現・東急）の大井町線が自由が丘駅から延伸し、この年の11月に二子玉川駅が誕生している。

この二子玉川駅周辺は、戦前、戦後にかけて、大人も子どもも楽しめる行楽地（歓楽地）として有名だった。舟遊び・鮎料理などが楽しめた多摩川には、河岸ばかりでなく、「兵庫島」に家屋（料亭）があったことがわかる。また、遊園地前電停の北西には玉川遊園地（玉川閣）、また、玉川電停の南東（瀬田河原）には「（玉川）児童園（後の二子玉川園）」が存在していた。

ふたこしんち・たかつ

二子新地・高津

料亭並ぶ三業地として栄えた二子新地
高津には初代「電車とバスの博物館」

二子新地

開業年	昭和2(1927)年7月15日
所在地	川崎市高津区二子2-2-1
キロ程	10.1km(渋谷起点)
駅構造	高架駅
ホーム	2面4線(うち乗降は2面2線のみ)
乗降人員	19,837人

高津

開業年	昭和2(1927)年7月15日
所在地	川崎市高津区二子4-1-1
キロ程	10.7km(渋谷起点)
駅構造	高架駅
ホーム	2面4線(うち乗降は2面2線のみ)
乗降人員	29,791人

戦後初の新車(昭和40年)
溝ノ口発大井町行き。2色塗装はその後の合理化で緑一色になった。デハ3700、クハ3750形は昭和23(1948)年製。戦後、初の新車だった。のちに名鉄に売却された。(矢崎)
撮影:矢崎康雄

撮影:荻原二郎

二子新地駅(昭和36年)
昭和41(1966)年に高架化される前の二子新地駅。多摩川を渡る二子橋は単線で、駅構内で複線となり、相対式ホームがあった。

撮影:荻原二郎

高津駅(昭和36年)
高架駅に変わる前、地平駅の頃の高津駅。多くの人々が行き交う改札口の奥に、ホームを結ぶ構内踏切が設置されていた。

　二子新地駅は昭和2(1927)年7月、玉川電気鉄道溝ノ口線の「二子電停」として開業している。この付近は歓楽街(三業地)として栄え、「二子新地」として有名だったため、「二子新地前」と改称された後、昭和18(1943)年7月に大井町線(現・田園都市線)に編入され、昭和52(1977)年に現在の二子新地と駅名を改称した。

　現在は、渋谷方面からの田園都市線、大井町方面からの大井町線の列車が停車する駅で、大井町線の延伸・複線化に伴い、相対式ホーム2面4線を有する高架駅となっている。駅の所在地は、川崎市高津区二子2丁目である。

　高津駅は二子新地駅と同じく、昭和2年7月、玉電溝ノ口線の「高津電停」として開業している。当時存在した高津村の村役場に近いことから、駅名が付けられた。駅の所在地は、この村名を受け継ぐ高津区の二子2丁目である。

　高津の地名・駅名の由来は不詳である。明治22(1889)年、二子、溝口、久地など8村が合併して、橘樹郡高津村が生まれ、昭和3(1928)年に高津町となった。昭和12(1937)年に川崎市に編入されている。

日本初のステンレスカー(昭和40年)

昭和33(1958)年登場した5200形は5000形をステンレスに設計変更したものだが、日本最初のステンレスカーといえる。東横線から大井町線に転属した後の姿。(矢崎)

撮影:矢崎康雄

撮影:竹中泰彦

二子新地駅付近の踏切(昭和40年)
二子新地駅前の踏切を渡る人々。手前には構内踏切を歩く人の後ろ姿がある。奥には、二子橋に向かう列車が見える。

二子新地付近(昭和41年)
単線、道路併用の多摩川橋梁を進む下り電車。この区間はもともと玉電の線路であったところを、線路幅を1067mmに直し大井町線を溝の口に直通させたもの。

二子新地駅東口(現在)
相対式ホーム2面4線の高架駅となっている二子新地駅。当初の改札口はこの東口だけで、西口は平成21(2009)年に開設された。

高津駅西口(現在)
高津駅は、相対式ホーム2面4線を有する高架駅。この4線のうち、田園都市線の線路にだけホームが設けられている。

二子新地駅のホーム(現在)
8500系の伊豆急行のカラーリング列車が停車している二子玉川駅の1番線(下り)ホーム。ホームのない中央の2・3番線は通過線で、上りホームは4番線である。

古地図探訪
昭和4年/二子新地駅付近

二子橋上の併用軌道を渡ってきた玉川線は神奈川県に入り、専用軌道に移る。ここには二子(新地)電停が置かれており、その先の溝の口方面に路線は伸びている。この昭和4(1929)年頃には、電停北側の多摩川岸および大山街道沿いに人家が並び、三業地(歓楽街)として発展していた。また、多摩川沿いには、多摩川の砂利を運ぶ「砂利用軌道」が敷設されており、玉川線や東横線を経由して、渋谷方面まで運ばれていた。
この付近は当時、橘樹郡高津町で、「二子」のほか、「高津町」「溝口」の地名が見える。「溝口」の文字がある付近の「文」の地図記号は、現在の川崎市立高津小学校である。この付近で、大山街道は府中街道と交差している。

みぞのくち
溝の口

南武線「武蔵溝ノ口駅」との接続駅
江戸時代には、大山街道の宿場町あり

開業年	昭和2(1927)年7月15日
所在地	川崎市高津区溝口2-1-1
キロ程	11.4km(渋谷起点)
駅構造	高架駅
ホーム	2面4線
乗降人員	150,439人

撮影:荻原二郎

溝の口駅(現在)
複々線化に伴う改良工事が行われ、島式ホーム2面4線を有する高架駅に変わった溝の口駅。JR駅とは、東口方面のペデストリアンデッキで結ばれている。

溝ノ口駅(昭和39年)
昭和38(1963)年から、長津田までの延伸工事が開始され、この溝ノ口駅の駅前風景も変化を見せ始めていた。

撮影:荻原二郎

撮影:山田虎雄

溝ノ口駅の駅前商店街(昭和36年)
頭端式ホーム1面2線だった頃の溝ノ口駅の駅前。賑やかな商店街が国鉄武蔵溝ノ口駅まで続いていた。

溝ノ口駅(昭和41年)
大井町線の延伸工事に合わせて高架駅に変わった溝ノ口駅。1月20日に「溝の口駅」と改称し、4月に長津田延伸が実現した。

　溝の口駅は昭和2(1927)年7月、玉川電気鉄道溝ノ口線の「溝ノ口」電停(駅)として開業した。付近には、同年3月、連絡駅となる南武鉄道(現・JR南武線)の「武蔵溝ノ口」駅が誕生していた。その後、大井町線の駅となり、昭和41(1966)年1月、溝の口駅に改称した。

　同年4月、田園都市線の溝の口~長津田間が延伸し、大井町線が田園都市線に名称を改めた後、田園都市線の駅となり、現在は名称が復活した大井町線の列車も乗り入れている。

　「溝の口(溝ノ口、溝口)」の地名、駅名の由来は、多摩丘陵から流れてくる溝のような細い川が姿を現す場所からきている。江戸時代には、「大山石尊大権現」を目指す「大山詣で」が盛んになり、大山街道の往来が増え、溝口は宿場町として賑わうようになった。集落が発展した溝口村は、明治22(1889)年に高津村となり、現在は川崎市高津区に含まれている。

　昭和41年に高架駅となり、相対式ホーム2面2線だったが、平成時代に入って改良工事が行われ、2面3線時代をへて、現在では島式2面4線のホームをもつ駅となっている。

溝ノ口駅の高架線（昭和39年）
少しずつ姿を現し始めていた頃の高架線。仮設の地平駅の前には、ペンキのはげかけた大きな路線図、バス乗り場案内板が見える。

溝の口駅、ホーム（現在）
6000系が並んだ溝の口駅のホーム。2番線は溝の口止まりの急行、3番線は大井町に向かう急行である。

溝の口付近（現在）
梶が谷寄りの大井町線用折り返し線の風景。大井町線の各駅停車は高津、二子新地に停車する列車と通過する列車の二種類がある。右は東京メトロ08系。

古地図探訪
昭和30年／溝の口駅付近

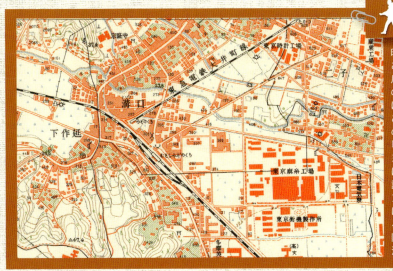

昭和30（1955）年の溝の口駅周辺の地図であり、この当時は、東急では現在の田園都市線（新玉川線）は延伸しておらず、溝の口駅は大井町線の終点駅だった。また、国鉄（現・JR）の南武線には武蔵溝ノ口駅が存在していた。
この当時、溝の口駅の東側などには、いくつかの工場が点在していたことがわかる。このうち、「東京麻糸工場」や「東京衡機製作所」は、イトーヨーカドー溝ノ口店やパークシティ溝の口などに変わっている。また、高津駅周辺の「東京時計工場」や「北日本産業工場」は現在、マンションなどになっている。「東京衡機製作所」の南に見える「（高）文」は、川崎市立高津高校である。駅の北側にある「宗隆寺」は、日蓮宗の寺院で、もとは天台宗の寺院だった。その南には、溝口神社がある。

かじがや・みやざきだい

梶が谷・宮崎台

梶が谷は「多摩田園都市」の玄関口に
「電車とバスの博物館」は宮崎台移転

梶が谷

開業年	昭和41(1966)年4月1日
所在地	川崎市高津区末長1-48-65
キロ程	12.2km(渋谷起点)
駅構造	地上駅
ホーム	2面4線(うち乗降は2面3線のみ)
乗降人員	38,090人

宮崎台

開業年	昭和41(1966)年4月1日
所在地	川崎市宮前区宮崎2-10-12
キロ程	13.7km(渋谷起点)
駅構造	地上駅
ホーム	2面2線
乗降人員	45,128人

梶が谷駅(昭和41年)
開業間もない頃の梶が谷駅の駅舎。橋上駅舎のスタイルで、約半世紀が経過した現在もほぼ同じ外観を保っている。

梶が谷駅(現在)
L字形に曲がっている駅前通りに面して開かれている梶が谷駅の橋上駅舎。谷間に位置するため、ホームは低い部分にある形となる。

梶が谷駅のホーム(昭和59年)
大きく湾曲している梶が谷駅のホーム。長津田行きの8500系の列車がトンネルにかかっている。

宮崎台駅(現在)
この宮崎台駅北側の高架下には、平成15(2003)年、「電車とバスの博物館」が移転し、リニューアルオープンした。

　田園都市線、高津区最後の駅が梶が谷駅である。この駅は、東急が開発したニュータウン「多摩田園都市」の玄関口となっている。
　昭和41(1966)年4月、田園都市線の溝の口〜長津田間の延伸時に開業した駅で、駅の所在地は高津区末長1丁目である。この「梶が谷(梶ヶ谷)」という地名、駅名の由来は不詳であるが、「梶の木が多く生えている谷戸」である一方、「鍛冶ヶ谷」とすれば、「金山神社」に由来するとされる。現在は高津区、宮前区に「梶ヶ谷」の住居表示がある。付近には、「梶ヶ谷古墳群」があるほか、現在は4番線の宮崎台寄りに「梶が谷の留置線」が開設され、大井町線の急行車両6000系が使用している。
　次の宮崎台駅も同じ昭和41年4月の開業である。この駅付近には、高津駅高架下から平成15(2003)年に移転してきた「電車とバスの博物館」がある。この博物館は、昭和57(1982)年に東急60周年を記念して開設されたものである。
　駅の所在地は、宮前区宮崎2丁目である。この「宮崎」は、昭和13(1938)年まで存在した「宮前」と表記して「みやざき」と読む、旧橘樹郡宮前村の歴史を継承している。

宮崎台駅（昭和41年）
開業間もない頃の宮崎台駅。高架下に造られた自由通路に面して、駅の本屋、改札口などが設けられていた。
撮影：荻原二郎

宮崎台駅南口（現在）
宮崎台駅の駅舎は、梶が谷側にあり、北口と南口が存在する。この南口側の駅前には、路線バスの停留所が存在している。

梶が谷駅に停車している5000系（現在）
2面4線構造の梶が谷駅はホームが大きく湾曲している。写真の右側の4番線は通過列車専用により閉鎖され柵が設置されている。

宮崎台駅のホーム（現在）
1番線ホームに到着する中央林間行きの列車。傾斜地にあるため、この梶が谷側は高架、宮前平側は掘割の構造になっている

宮崎台の8500系（現在）
8500系は私鉄通勤電車の技術の集大成として高く評価され、昭和51(1976)年に鉄道友の会のローレル賞を受賞した。

古地図探訪
昭和42年／梶が谷駅・宮崎台駅付近

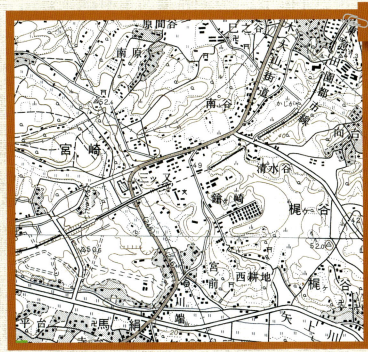

昭和42(1967)年の梶が谷駅・宮崎台駅付近の地図である。この時期、周辺の開発はまだまだ進行中で、道路も未整備の状態だった。現在は、ほぼ南北に一直線で伸びている厚木（大山）街道（国道246号）は、両駅の間でL字形に曲っており、清水谷から南原方面に伸びる道路も開通していない。
この地図に見えない梶が谷駅の南西には平成20(2008)年、梶が谷車庫が誕生している。この車庫は、急行運転が開始された大井町線用で、梶が谷駅の4番線から入線する形をとっている。その先、「三ッ又」の文字がある付近には、「文」の地図記号が見える川崎市立宮崎中学校がある。宮崎台駅の北側、「宮崎」と「南原」の中間付近に見える「鳥居」の地図記号は神明神社で、現在、その南には県立高津養護学校ができている。

みやまえだいら・さぎぬま

宮前平・鷺沼

宮前平は川崎市宮前区役所の最寄り駅
鷺沼には東急、東京地下鉄の車両基地

宮前平

開業年	昭和41(1966)年4月1日
所在地	川崎市宮前区宮前平1-11-1
キロ程	14.7km(渋谷起点)
駅構造	高架駅
ホーム	2面2線
乗降人員	49,720人

鷺沼

開業年	昭和41(1966)年4月1日
所在地	川崎市宮前区鷺沼3-1-1
キロ程	15.7km(渋谷起点)
駅構造	地上駅
ホーム	2面4線
乗降人員	60,989人

宮前平付近(昭和56年)
起伏の大きな宮前平・宮崎台間を行く田園都市線。高台には既にマンションが建設されており、右奥には作業現場がのぞく。
撮影:荻原二郎

宮前平駅のホーム(昭和54年)
昭和42(1967)年に登場したオールステンレス車のクハ7500形の回送列車が宮前平駅のホームにやってきた。
撮影:山田虎雄

宮前平駅(昭和54年)
昭和41(1966)年に開業した宮前平駅。開業から現在まで、相対式ホーム2面2線を有する高架駅である。
撮影:山田虎雄

　宮前平駅は昭和41(1966)年4月に開業している。所在地は、宮前区宮前平1丁目であり、徒歩10分の距離にある宮前区役所のほか、宮前警察署・消防署の最寄り駅となっている。
　「宮前平」の駅名は、「宮前」の地名によるもので、以前は宮前村が存在していた。「平」がつけられた理由は、和歌山県の紀勢線に宮前駅があるためとされている。なお、開業前は付近の地名を採った「土橋」という仮称駅名もあげられていた。
　鷺沼駅も宮前平駅と同様、昭和41年の開業である。所在地は、宮前区鷺沼3丁目である。この駅の南東部には、東急の「鷺沼の留置線」と、東京メトロの「鷺沼検車区」がある。ここはもともと、東急の検車区だったが、昭和54(1979)年に「長津田検車区」に移転した跡地を、帝都高速度交通営団(現・東京メトロ)が譲り受けたものである。
　「鷺沼」の地名、駅名の由来は、この地に「鷺沼谷」という谷戸が存在したことによる。この付近は江戸時代、馬絹村・土橋村・梶ヶ谷村などがあり、明治22(1889)年に宮前村・向丘村となり、昭和13(1938)年に川崎市の一部なった。

鷺沼駅（昭和41年）
鷺沼駅の駅前広場には、広々とした空間が広がっていた。この部分は、実際には駅の4階部分である。

撮影：荻原二郎

宮前平駅のホーム（現在）
ゆるやかなカーブをなしている宮前平駅のホーム。1番線に8500系の中央林間行き列車がやってきた。

宮前平駅北口（現在）
二本の道路に挟まれる形で存在する高架駅の宮前平駅。この北口と南口の双方にあるバス停に川崎市バス、東急バスの路線バスが集まる。

鷺沼駅中央改札口（現在）
この鷺沼駅中央改札口の前にはバスロータリーが存在している。開業当初、改札口は一か所だったが、平成23（2011）年に北口が開設された。

撮影：吉村光夫

クハ7500はデハ7200の連結相手のクハ
7200系はステンレスカーだが、トップナンバーの2両は東急車輌製造のアルミ試作車。後に検測車に改造。（矢崎）

開通当初、田園都市線の車庫は鷺沼（昭和54年）
クハ3850形は昭和27（1952）年登場。その後の改造でこのように前照灯が下に移され2灯化、スタイルが一変した。（矢崎）

撮影：吉村光夫

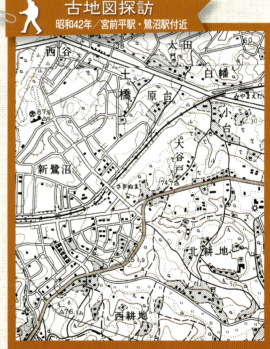

古地図探訪
昭和42年／宮前平駅・鷺沼駅付近

ゆるやかにカーブして進む、田園都市線の南側、蛇行する形で南西方面に進んでいくのが厚木（大山）街道である。現在、この道路（国道246号）は鷺沼駅の南西、浄土真宗本願寺派の寺院「浄照寺」付近までは、直線で進む姿に整備されている。この道路の南側には、「北耕地」「南耕地」といった古い地名が残っていた。地図の北側、「太田」の文字が見える付近に存在する「鳥居」の地図記号は土橋神社で、矢上川に架かる土橋から地名「土橋」が生まれている。現在、この南には、川崎土橋郵便局が置かれている。鷺沼駅付近には、目立った建物は見えないが、南西方面の線路沿いには現在、川崎市立鷺沼小学校と鷺沼公園が誕生している。

8500系（現在）
東急の電車は廃車後、他の鉄道へ譲渡される例も多い。写真の8500系もインドネシアの首都ジャカルタで、先輩の8000系とともに活躍している。

たまプラーザ・あざみ野

たまぷらーざ・あざみの

「多摩」と「プラーザ」で駅名が誕生
あざみ野では、横浜市営地下鉄と連絡

たまプラーザ

開業年	昭和41(1966)年4月1日
所在地	横浜市青葉区美しが丘1-3
キロ程	17.1km(渋谷起点)
駅構造	地上駅
ホーム	2面2線
乗降人員	78,772人

あざみ野

開業年	昭和52(1977)年5月25日
所在地	横浜市青葉区あざみ野2-1-1
キロ程	18.2km
駅構造	2面2線
ホーム	2面4線
乗降人員	133,283人

たまプラーザ駅（昭和43年）
田園都市線溝の口〜長津田が開通、スペイン語Plaza(=広場)を入れた駅名が現れ、不動産販売戦略に寄与した。しかし、しばらくはまだこのような風景であった。（矢崎）
撮影：矢崎康雄

たまプラーザ駅（昭和41年）
開業当時のたまプラーザ駅。ホームから階段を上った先、駅前広場に面して駅舎があった。手前の地面は未舗装である。
撮影：荻原二郎

あざみ野駅の上り方向を見たところ（昭和54年）
左側に側線が見える。駅開業後約2年後の姿。この当時はまだ5両編成。あざみ野は田園都市線では唯一の開業後に誕生した駅。（矢崎）
撮影：山田虎雄

　たまプラーザ駅からは、横浜市青葉区の駅となる。開業は昭和41(1966)年4月で、駅の所在地は青葉区美しが丘1丁目である。

　駅名の由来は、「たま(多摩)」とスペイン語の「プラーザ」を組み合わせたものである。「プラーザ」とは、広場を意味し、開業当時に「多摩田園都市」の中心とする計画に基づいたものだった。なお、仮称の駅名は「元石川」駅で、当時の地名だった「元石川町」は昭和44(1969)年に「美しが丘」に変えられている。駅の構造は、相対式ホーム2面2線を有する地上駅で、ホームは半地下構造になっている。開業から約半世紀がたち、現在、駅周辺では再開発が行われている。

　あざみ野駅は、新横浜駅方面からやってくる横浜市営地下鉄ブルーラインとの接続駅である。東急駅の開業は、昭和52(1977)年5月、市営地下鉄駅の開業は平成5(1993)年3月である。

　田園都市線の駅名には、「野」の字が多くつけられており、この駅もそのひとつである。駅開業前の昭和51(1976)年、地元の要望で「アザミ」の花が咲くイメージの「あざみ野」という新しい地名が誕生。翌年、田園都市線に新設された駅名に採用された。駅の所在地は、青葉区あざみ野2丁目である。

たまプラーザ駅（現在）
平成18（2006）年から駅のリニューアル工事が行われた、たまプラーザ駅。平成22（2010）年にサウスプラザ、ノースプラザ、ゲートプラザが完成した。

たまプラーザ駅（現在）
複合商業施設「たまプラーザテラス」と一体化されているたまプラーザ駅。高い天井とガラス張りの構造が特徴的である。

撮影：山田虎雄

あざみ野駅（昭和52年）
昭和52（1977）年、開業当時のあざみ野駅の駅舎。ニュータウンの玄関口にふさわしい、さわやかな外観だった。

あざみ野駅東口（現在）
あざみ野駅は高架駅で、東口・西口がそれぞれ個性的な外観をもっている。広い駅前の西口に対して、この東口の目の前にはビルや店舗がある。

撮影：山田虎雄

あざみ野駅のホーム（昭和55年）
開業間もない頃のあざみ野駅のホーム。2番線ホームからは、当時、起終点だった渋谷方面の列車が出発していった。

5000系と8500系（現在）
田園都市線は都市開発と合わせて計画された東急電鉄の基幹路線。自社の主力車両は写真右の5000系であり、左の8500系は近年廃車が進みつつある。

ホームに進入する8500系（現在）
8500系は地下鉄半蔵門線経由で東武スカイツリーラインの東武動物公園を経て伊勢崎線の久喜と日光線の南栗橋まで運用。東武沿線の利用客にも馴染みがある。

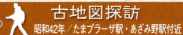

古地図探訪
昭和42年／たまプラーザ駅・あざみ野駅付近

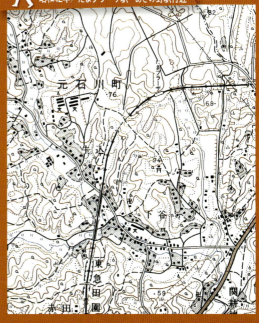

昭和42（1967）年のたまプラーザ駅周辺の地図である。この付近の田園都市線は、たまプラーザ駅を過ぎると大きくカーブして西から南に進路を変える。その先の線路上に昭和52（1977）年開業のあざみ野駅は、地図上にも存在していない。
たまプラーザ駅周辺は、まだ開発されておらず道路も通っていない。その西側には、現在の「美しが丘」ではなく、旧名の「元石川町」の地名が残っており、昭和22（1947）年に開校した横浜市立山内中学校が存在している。田園都市線が、県道13号横浜生田線を越えたところに現在、あざみ野駅が開設されている。駅の北東に存在する浄土真宗の寺院「西勝寺」を示す「卍」の地図記号が、地図上の「下谷」付近に見える。

えだ・いちがお

江田・市が尾

「荏田」から「江田」駅、豪族名に由来
「市郷」から「市が尾」、古墳群が存在

江田

開業年	昭和41(1966)年4月1日
所在地	横浜市青葉区荏田町2360
キロ程	19.3km (渋谷起点)
駅構造	高架駅
ホーム	2面4線 (うち乗降は2面2線のみ)
乗降人員	36,525人

市が尾

開業年	昭和41(1966)年4月1日
所在地	横浜市青葉区市ヶ尾町1156-1
キロ程	20.6km (渋谷起点)
駅構造	地上駅 (橋上駅舎)
ホーム	2面2線
乗降人員	43,548人

江田付近、デハ3450形（昭和54年）
江田付近を走るデハ3450形、2両編成の列車。田園都市線の緑の中に、緑の車両が見事に収まっている。

撮影：荻原二郎

江田駅（昭和41年）
開業当時の江田駅は築堤の上に相対式ホームがあり、下り側に駅舎があった。昭和56(1981)年に自由通路のある駅に改修された。

高圧ケーブル用の高い鉄柱区間（昭和54年）
8500系は昭和50年登場の地下鉄乗入対応車。中央林間開業の前、約8年間はつきみ野止まりだった。（矢崎）

　江田駅も昭和41(1966)年4月の田園都市線の長津田延伸時に開業している。駅の所在地は、青葉区荏田町である。駅名の「江田」は、地名の「荏田」と重なるもので、当初の仮称駅名は「荏田」だった。この地名は、鎌倉時代にこの地にいた豪族「荏田氏」に由来するもので、もとは「江田氏」だったとされる。駅名には、読みやすい「江田」が採用された。江田駅は、島式2面4線のホームを有する高架駅となっている。

　市が尾駅は、同じ昭和41年4月の開業で、青葉区市ヶ尾町に存在する。相対式ホーム2面2線を有する地上駅で、昭和54(1979)年に橋上駅舎となっている。江田駅、市が尾駅ともに各駅停車のみが停車する。

　「市が尾（市ヶ尾）」の駅名、地名は、「市郷」が変化したといわれる。江戸時代から市ヶ尾村があり、昭和14(1939)年まで存在した。このときに横浜市港北区の一部となったが、緑区をへて現在は青葉区に含まれている。

　市ヶ尾駅付近には、昭和8(1933)年に発見された市ヶ尾横穴古墳群がある。6～7世紀に造られた有力農民の墓で、現在は市ヶ尾遺跡公園として保存されている。付近には稲荷前古墳群もある。

江田駅のホーム(現在)
江田駅まではるばるやってきた半蔵門線08系。ホームの1・3番線には柵があり、急行・準急通過線となっている。

市が尾付近の5000系(現在)
平成14年に「人と環境に優しい車両」もコンセプトでデビューした5000系。この車両はJR東日本で現在活躍中の山手線や常磐快速線のE231と基本設計が同じである。

市が尾駅西口(現在)
昭和54(1979)年に橋上駅舎になった市が尾駅。駅に隣接するバスターミナルからは、横浜市営バス・東急バス・小田急バスなどの路線バスが発着する。

江田駅東口(現在)
江田駅は、島式ホーム2面4線を有する高架駅。この東口と西口にバスターミナルがあり、横浜市営バス・東急バスが発着する。

撮影:矢崎康雄

藤が丘~市が尾(昭和43年)
昭和41(1966)年の溝の口~長津田間開通当初、鷺沼で2両を切り放し長津田へは2両で走ったが、2年後に切り離しをやめ、4両が走るようになった。手前の川は鶴見川。(矢崎)

市が尾駅(昭和41年)
コンパクトな印象を与える開業当時の市が尾駅だったが、昭和54(1979)年に改修されて、現在のような橋上駅舎となった。

撮影:荻原二郎

古地図探訪
昭和42年/江田駅・市が尾駅付近

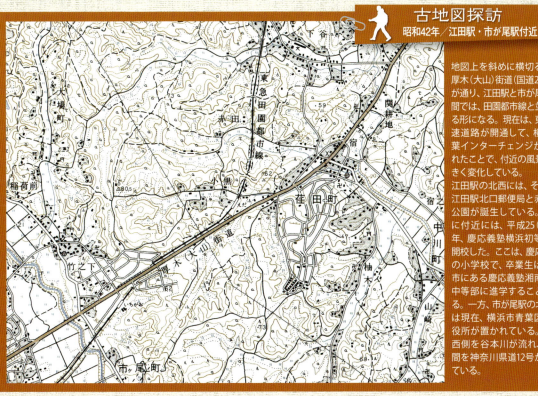

地図上を斜めに横切る形で厚木(大山)街道(国道246号)が通り、江田駅と市が尾駅の間では、田園都市線と並行する形になる。現在は、東名高速道路が開通して、横浜青葉インターチェンジが置かれたことで、付近の風景は大きく変化している。
江田駅の北西には、その後、江田駅北口郵便局と赤田西公園が誕生している。さらに付近には、平成25(2013)年、慶応義塾横浜初等部が開校した。ここは、慶応義塾の小学校で、卒業生は藤沢市にある慶応義塾湘南藤沢中等部に進学することになる。一方、市が尾の北西には現在、横浜市青葉区の区役所が置かれている。この西側を谷本川が流れ、その間を神奈川県道12号が走っている。

ふじがおか・あおばだい
藤が丘・青葉台

昭和41年、藤が丘・青葉台駅が開業
藤茂る藤が丘、豊かな緑願い青葉台に

藤が丘
開業年	昭和41(1966)年4月1日
所在地	横浜市青葉区藤が丘2-5-4
キロ程	22.1km(渋谷起点)
駅構造	高架駅
ホーム	2面2線
乗降人員	26,916人

青葉台
開業年	昭和41(1966)年4月1日
所在地	横浜市青葉区青葉台1-7-3
キロ程	23.1km(渋谷起点)
駅構造	地上駅
ホーム	2面2線
乗降人員	110,427人

藤が丘駅(昭和41年)
撮影:荻原二郎
彫刻家、志水晴児設計による噴水が設置されている藤が丘駅の駅前。この駅本屋は上り線側に設置されていた。

藤が丘駅正面口(現在)
平成11(1999)年から平成14(2002)年にかけて、駅舎の改良工事が行われた藤が丘駅。このとき、南口改札口が新設された。

藤が丘駅前の放置自転車(昭和62年)
所蔵:横浜市史資料室
「二輪車・自転車駐停車禁止」の看板がありながら、放置自転車、オートバイが並んでいた藤が丘駅の駅前。

藤が丘駅のホーム(現在)
平成14(2002)年から、田園都市線用に投入された5000系。長い編成が大きくカーブした藤が丘ホームに収まっている。

　藤が丘駅は昭和41(1966)年4月の開業で、駅の所在地は青葉区藤が丘2丁目である。なお、名古屋市営地下鉄東山線、愛知高速交通にも同名の藤が丘駅が存在する。
　「藤が丘」の地名、駅名は新しいもので、当初の仮称駅名は「谷本」だった。付近に富士塚が存在し、野生の藤が生い茂っていたことから、駅名は「藤が丘」となり、同年に地名も改められた。
　田園都市線には、「野」がつく駅名とともに「台」がつく駅も複数存在し、そのひとつがこの「青葉台」駅である。駅の所在地は、青葉区青葉台1丁目である。

　「青葉台」の駅名、地名も田園都市線の延伸時に誕生したもので、当初は「成合」という仮称駅名であった。当時の地名は恩田町で、付近に「成合」「成合町」という地名が存在した。その中で、「緑の豊富な街づくり」の思いを込めて「青葉台」となったのである。
　青葉台駅は、相対式ホーム2面2線をもつ地上駅である。平成2(1990)年から平成4(1992)年にかけて、駅舎が改築され、駅ビルが誕生した。この駅ビルは平成12(2000)年に「青葉台東急スクエア」になっている。青葉台駅には、急行・準急も停車する。

青葉台駅前（昭和57年）
駅前にロータリーが設けられ、横浜銀行青葉台支店が置かれていた青葉台駅。地上駅だが傾斜地にあるため、西側は高架式になっている。

青葉台駅北口（現在）
平成2（1990）年から平成4（1992）年にかけて駅舎改築が改築され、駅ビル（青葉台リクレ）が誕生した青葉台駅。

青葉台駅前（現在）
明るい雰囲気の青葉台駅の駅前風景。多選との連絡がない単独駅ではあるが、田園都市線の中では第6位の乗降人員を誇っている。

古地図探訪
昭和42年／藤が丘駅・青葉台駅付近

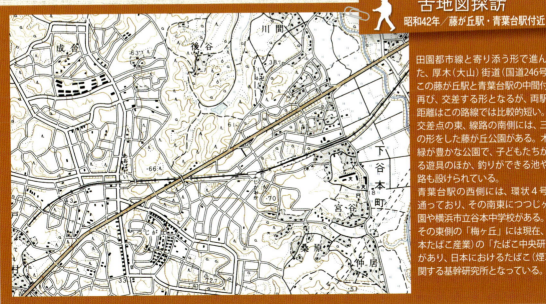

田園都市線と寄り添う形で進んできた、厚木（大山）街道（国道246号）は、この藤が丘駅と青葉台駅の中間付近で再び、交差する形となるが、両駅間の距離はこの路線では比較的短い。この交差点の東、線路の南側には、三角形の形をした藤が丘公園がある。木々の緑が豊かな公園で、子どもたちが遊べる遊具のほか、釣りができる池や散策路も設けられている。

青葉台駅の西側には、環状4号線が通っており、その南東につつじヶ丘公園や横浜市立谷本中学校がある。また、その東側の「梅ヶ丘」には現在、JT（日本たばこ産業）の「たばこ中央研究所」があり、日本におけるたばこ（煙草）に関する基幹研究所となっている。

たな・ながつた

田奈・長津田

昭和14年まで存在した田奈村から駅名
長津田駅は横浜線、こどもの国線と接続

田奈

開業年	昭和41(1966)年4月1日
所在地	横浜市青葉区田奈町76
キロ程	24.5km(渋谷起点)
駅構造	高架駅
ホーム	2面2線
乗降人員	11,405人

長津田

開業年	昭和41(1966)年4月1日
所在地	横浜市緑区長津田4-1-1
キロ程	25.6km(渋谷起点)
駅構造	地上駅(橋上駅)
ホーム	3面5線(東急)
乗降人員	138,615人(東急)

長津田駅(昭和40年)
田園都市線の長津田駅の開業前から、この地域の人々の足となっていた、横浜線の長津田駅。大勢の男女、子どもがいる駅前風景だ。
撮影:荻原二郎

長津田駅(昭和52年)
昭和52(1977)年、1面2線から2面4線のホームをもつ橋上駅舎となった長津田駅。こどもの国線のホームが北側に並んだ。
撮影:山田虎雄

長津田駅のホーム(昭和41年)
島式ホーム1面2線だった頃の長津田駅のホーム。国鉄の横浜線との連絡も大回りする必要があった。
撮影:荻原二郎

長津田駅のホーム(昭和44年)
橋上駅舎が接続され、横浜線との連絡が改善された長津田駅のホーム。右側の横浜線ホームにはクモハ73形、磯子行きの列車が見える。
撮影:荻原二郎

　田奈駅は昭和41(1966)年4月の開業、駅の所在地は青葉区田奈町である。各駅停車のみの停車駅で、田園都市線の中では比較的、乗降客数は少ない駅である。
　「田奈」の駅名、地名は、恩田と長津田の「田」と、奈良の「奈」を合わせたもので、明治22(1889)年に田奈村が誕生した。その後、一時、行政上の地名は消えていたが、駅名として復活し、その後の昭和46(1971)年に地名としても採用されている。
　長津田駅は、東急のこどもの国線、JR横浜線との接続駅であり、田園都市線の主要駅のひとつである。横浜線の駅は、明治41(1908)年に横浜鉄道の長津田駅として開業し、後に国有化されている。
　昭和41年4月、田園都市線の延伸で東急駅が開業し、昭和42(1967)年4月にこどもの国線も開通した。開業当初は終点駅だったものの、昭和43(1968)年につくし野駅まで延長され、途中駅となっている。
　「長津田」の地名、駅名の由来は、長く続く「谷津田」である。「谷津」とは低(湿)地のことで、耕作地(田)にされてこの付近に存在していた。江戸時代には、矢倉沢往還と神奈川道の「長津田」宿があり、長津田村が存在したが、明治22年に恩田村、奈良村と合併し、田奈村となっている。

撮影：山田虎雄

田奈駅のホーム（昭和47年）
ライトグリーン一色のボディーが印象的だった初代5000系、大井町行きの列車が田奈駅到着。この当時からホームの屋根は短かった。

撮影：荻原二郎

20周年祝賀列車（昭和61年）
昭和61（1986）年4月5日、田園都市線開通20周年を記念して運転された祝賀列車。田奈駅のホームにて。

撮影：荻原二郎

長津田駅のデハ3498（昭和53年）
こどもの国線で運転されていた、デハ3498号。1両での単行運転はしばしば見られた。

撮影：吉村光夫

つくし野を出た上り大井町行き7200系4連
横浜線をオーバークロスして長津田に着く。長津田〜つくし野、すずかけ台は開通当初、単線であった。（矢崎）

撮影：荻原二郎

田奈駅ホームの試運転車両（昭和57年）
昭和57（1982）年に製造された8090系2次車の編成による試運転列車が田奈駅のホームに停車している。

田奈駅のホーム（現在）
東武スカイツリーライン（東武伊勢崎線）からやってきた東武50050型、中央林間行きの列車が田奈駅に到着する。

長津田駅改札口（現在）
JR西口方面と連絡している東急の長津田駅の改札口付近。3〜7番線が田園都市線、7番線がこどもの国線のホームである。

古地図探訪
昭和42年／田奈駅・長津田駅付近

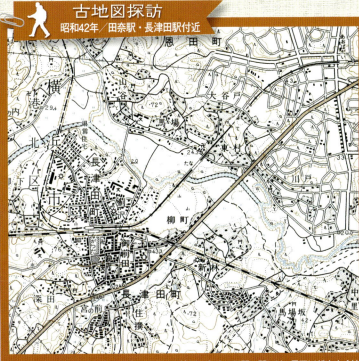

昭和42（1967）年の田奈駅・長津田駅周辺の地図である。両駅の間には、恩田川が小さく蛇行しながら流れており、現在は青葉区と緑区の境界となっている。この2つの駅付近では、厚木（大山）街道（国道246号）は田園都市線とは少し離れた南側を走っている。
長津田駅は現在、田園都市線こどもの国線、JR横浜線との連絡駅であるが、この当時、田園都市線はつくし野方面へ延伸しておらず、長津田駅が終点駅だった。東方向から北に進むのは、現在のこどもの国線である。長津田駅周辺は、開発が進んでおり、北川には「県営住宅」の文字も見える。北西の「薊沢」付近にある「文」の地図記号は横浜市立田奈中学校、南西側に見える「文」の地図記号は横浜市立長津田小学校である。

つくしの・すずかけだい・みなみまちだ

つくし野・すずかけ台・南町田

町田市につくし野、すずかけ台、南町田
つくし野は昭和43年開業、当時終点駅

つくし野
開業年	昭和43(1968)年4月1日
所在地	町田市つくし野4-1
キロ程	26.8km(渋谷起点)
駅構造	地上駅
ホーム	2面2線
乗降人員	12,384人

すずかけ台
開業年	昭和47(1972)年4月1日
所在地	町田市南つくし野3-1
キロ程	28.0km(渋谷起点)
駅構造	地上駅
ホーム	2面2線
乗降人員	11,825人

南町田
開業年	昭和51(1976)年10月15日
所在地	町田市鶴間3-3-2
キロ程	29.2km(渋谷起点)
駅構造	地上駅
ホーム	2面2線
乗降人員	33,999人

つくし野駅(昭和43年)
昭和43(1968)年、長津田～つくし野間の延長、開業を記念するタワーが設置されたつくし野駅の駅前。

すずかけ台駅(昭和47年)
昭和47(1972)年に開業した当初のすずかけ台駅の駅舎。東急不動産による「つくし野現地ご案内」の看板が置かれている。

南町田駅(昭和51年)
昭和51(1976)年10月15日、開業した当時の南町田駅。自動券売機が設置されている駅前だが、人影は見えない。

つくし野駅(現在)
斬新な造形のモニュメントが置かれている、つくし野駅の駅前。東急ストアに対面する駅前の空間はゆったりと広い。

すずかけ台駅(現在)
鋭角的な大屋根の姿が印象的なすずかけ台駅。相対式ホーム2面2線を有する地上駅で、開業当初は単線1面1線だった。

南町田駅南口(現在)
鶴間公園や109シネマズグランベリーモールがある南町田駅の南口。改札口には「グランベリーモール口」の表示が見える。

　つくし野駅からは、町田市内の駅となる。この駅は昭和43(1968)年4月、田園都市線が当駅まで延伸した際に開業した。昭和47(1972)年4月、隣りのすずかけ台駅まで延伸し、途中駅となっている。このときに駅のホームは、1面1線から2面2線になっている。

　「つくし野」の地名、駅名は、開業前に東急不動産が公募した中から選ばれたもので、分譲地に採用されている。その前の仮称駅名は「小川」だった。

　すずかけ台駅は昭和47年4月の開業で、当初は終点駅だったが、昭和51(1976)年10月、つきみ野駅まで延伸したため、途中駅となった。当初の駅名は所在地の地名と同じ「南つくし野」と予定されていたが、近隣にキャンパスを開設する予定だった東京工業大学から、スズカケノキ(プラタナス)を駅名に採用するように要望があり、「すずかけ台」となった。その後、駅周辺にはプラタナスの並木が植えられている。

　南町田駅は昭和51年10月の開業で、駅の所在地は町田市鶴間3丁目である。駅名は、駅の所在地の旧村名(南村)の「南」と「町田」を組み合わせたもので、町田市の南に位置することにも重なる。駅は相対式ホーム2面2線を有する地上駅である。当駅には準急のほか、土休日には急行も停車する。

すずかけ台駅（昭和49年）
開業当初は、単線の1面1線のホームを有していたすずかけ台駅。緑色の大屋根をもつ駅舎が立派すぎる風景である。
撮影：安田就視

すずかけ台駅の告知板（昭和47年）
つくし野駅から1.2キロの延伸で、新駅誕生となったすずかけ台駅。駅名決定を知らせる告知板である。

撮影：荻原二郎

つくし野駅のホーム（昭和43年）
開業当初から相対式ホームを有していたつくし野駅。当初はホーム1面のみの使用で、すずかけ台駅までの延伸時に2面が使用されるようになった。

つくし野付近の東京メトロ8000系（現在）
半蔵門線用として昭和55年から登場。車体は千代田線の6000系、有楽町線の7000系と似たものだが、前面のデザインが違う。

つくし野駅のホーム（現在）
掘割の中に造られている相対式2面2線のつくし野駅。押上行きの急行がいま、ホームを通過してゆく。

すずかけ台駅のホーム（現在）
各駅停車のみが停車するすずかけ台駅。8590系の中央林間駅行きの急行がホームを通過してゆく。

南町田駅のホーム（現在）
大きくカーブしている南町田駅のホーム。1番線に東京メトロ08系の中央林間行きの列車が到着しようとしている。

古地図探訪
昭和43年／つくし野駅・すずかけ台駅・南町田駅付近

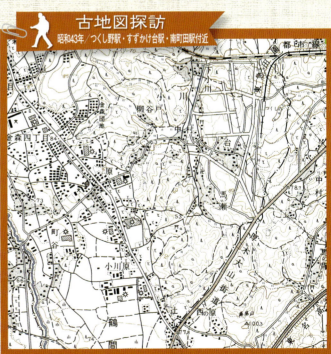

昭和43(1968)年に作成されたこの地図の上には、つくし野駅から先には、田園都市線の線路は伸びていない。南方向に伸びる線路は、厚木(大山)街道(国道246号)に出合う付近に昭和47(1972)年、すずかけ台駅が開業している。さらに線路は、南西に向かい、昭和51(1976)年には、「鶴間」の文字が見える付近に南町田駅が開設されている。
地図の左上の北側からは、町田街道が南東に伸びて、厚木(大山)街道と交わっている。この道路沿いには人家も目立つようになっており、町田市立南中学校や町田市立南第一小学校といった学校、金森団地などが誕生している。

つきみの・ちゅうおうりんかん・おんだ・こどものくに

つきみ野・中央林間・恩田・こどもの国

昭和51年、つきみ野駅まで延伸、開業
昭和59年開業、小田急江ノ島線に接続

つきみ野

開業年	昭和51(1976)年10月15日
所在地	大和市つきみ野5-8-1
キロ程	30.3km(渋谷起点)
駅構造	地上駅
ホーム	2面2線
乗降人員	10,495人

中央林間

開業年	昭和59(1984)年4月9日
所在地	大和市中央林間4-6-3
キロ程	31.5km(渋谷起点)
駅構造	地下駅
ホーム	1面2線
乗降人員	104,318人

恩田

開業年	平成12(2000)年3月29日
所在地	横浜市青葉区あかね台1-10
キロ程	1.8km(長津田起点)
駅構造	地上駅
ホーム	1面2線
乗降人員	908人

こどもの国

開業年	昭和42(1967)年4月28日
所在地	横浜市青葉区奈良町字中耕地
キロ程	3.4km(長津田起点)
駅構造	地上駅
ホーム	1面1線
乗降人員	12,221人

つきみ野駅(昭和51年)
昭和51年10月15日、開業した当時のつきみ野駅。ツートンカラーの大屋根をもつ駅舎には、幅の広い改札口が設けられている。

つきみ野駅(現在)
昭和51(1976)年から昭和58(1983)年まで、終点駅だったつきみ野駅。広い駅前広場にその名残が見える。

つきみ野駅(昭和54年)
掘割の中にホームがあり、駅前通りに面した駅舎が設置されている、つきみ野駅。ホワイト、ブラウンの屋根が印象的である。

つきみ野付近の東武30000型(現在)
東武50050型の登場により30000型の田園都市線内での走行シーンは見る機会が少なくなった。

　東京都町田市を出た田園都市線は、再び神奈川県内の大和市に入り、やがて、つきみ野駅に到着する。この駅は昭和51(1976)年10月、当時の田園都市線の終点駅として開業した。その8年後の昭和59(1984)年、中央林間駅まで延伸し、中間駅となっている。「つきみ野」の地名・駅名は新しいもので、月見草の多い土地だったことに由来している。

　中央林間駅は、小田急江ノ島線との連絡駅である。小田急駅の開設は、昭和4(1929)年で、当時の駅名は「中央林間都市」だった。

　昭和59年4月に田園都市線が延伸し、その終点駅である東急の中央林間駅が開業している。「中央林間」の地名・駅名の由来は、「林間都市計画区域」の中央地域にあたるため、名前がつけられたものである。

　恩田駅は、こどもの国線で唯一の途中駅であり、遊園地「こどもの国」へのアクセス線を通勤線に改良した平成12(2000)年3月に開業している。

　こどもの国駅は、昭和42(1967)年4月、「こどもの国」の南西にあたる場所に開業した。駅の構造は単式ホーム1面1線を有する地上駅で、当初の駅舎は園内にある「皇太子記念館」と同様の特徴ある屋根をもっていた。現在は通勤路線の玄関口となり、駅舎も改築されている。

つきみ野駅のホーム（現在）
ゆるやかなカーブを曲がって、つきみ野駅に到着した8500系の中央林間行きの列車。最終目的地はもうすぐである。

中央林間駅のホーム（現在）
小田急の駅が地上駅であるのに対して、後発の東急駅は地下駅となっている。2番線ホームに、東武線に入線しない東武車両の押上行き急行の姿がある。

中央林間駅正面口（現在）
小田急線との接続駅である中央林間駅では、東急の駅は「後発」である。この正面口のほか、南北の出入り口があり、西口で小田急線に接続している。

中央林間駅前の祝賀幕（昭和59年）
「祝開通東急田園都市線　西口商店街」の祝賀幕が張られている中央林間駅の駅前（中央林間3丁目）。

こどもの国線

こどもの国線は、長津田駅とこどもの国駅を結ぶ3.4キロの路線である。ここには、戦前から田奈弾薬庫に向かう引き込み線が存在しており、その線路の一部を利用し、昭和40(1965)年に開設された遊園地「こどもの国」へのアクセス路線が誕生したのである。その後、平成12(2000年)に通勤化され、途中に恩田駅が開業している。

恩田駅（現在）
平成12(2000)年3月に、こどもの国線唯一の中間駅として開業した恩田駅の駅舎。

こどもの国線（昭和55年）
赤・オレンジ・白に塗り分けられているこどもの国線の列車(3600系)。長津田〜こどもの国間を結んでいた。

こどもの国駅（昭和54年）
昭和42(1967)年に開業した、こどもの国駅、現在の姿に改築される前の駅舎。名鉄蒲郡線にも同名の駅が存在する。

長津田駅付近のこどもの国線（現在）
長津田駅付近で、仲良く2編成並んだ、こどもの国線の列車。横浜高速鉄道の通勤型電車Y000系である。

おおいまち・しもしんめい

大井町・下神明

大井町線の始発駅、地名の「大井」から
下神明は昭和2年開業、戸越駅から

大井町

開業年	昭和2(1927)年7月6日
所在地	品川区大井1-1-1
キロ程	0.0km(大井町起点)
駅構造	高架駅
ホーム	1面2線
乗降人員	137,025人

下神明

開業年	昭和2(1927)年7月6日
所在地	品川区西品川1-29-6
キロ程	0.8km(大井町起点)
駅構造	高架駅
ホーム	2面2線
乗降人員	6,964人

大井町駅前(昭和42年)
駅前のスロープ、階段の下にタクシーと人の列ができている国鉄・大井町駅の駅前。周辺が再開発される前の風景である。

提供：しながわWEB写真館(品川区)

大井町駅(現在)
JR大井町駅の西口付近に開かれている東急の大井町駅。地下にはりんかい線の改札口もある。高架駅であり、頭端式ホーム1面2線をもつ。

大井町駅のホーム(現在)
8500系編成の溝の口行き列車が停車している大井町駅の1番線ホーム。コンビニ「ローソン」と合体した売店が設置されている。

　東急大井町駅の起終点駅で、JR線京浜東北線と東京臨海高速鉄道りんかい線との接続駅となっているのが大井町駅である。

　昭和2(1927)年7月、目黒蒲田電鉄(現・東急)の大井町線が開通し、東急の大井町駅が誕生した。既に国鉄の東海道線には、大正3(1914)年に大井町駅が開業しており、その北側で連絡する形となった。りんかい線駅の開業は、平成14(2002)年である。

　東急の大井町駅は、JR駅の西側に伸びる、頭端式ホーム1面2線を有する高架駅となっている。駅の所在地は、品川区大井1丁目である。

　この「大井」の地名の由来は、「井戸」にまつわるものとされるが、詳細は不明である。旧荏原郡の時代には大井村、後に大井町が存在し、昭和7(1932)年に、東京市品川区の一部となっている。

　下神明駅は昭和2(1927)年7月に開業、当時の駅名は「戸越」だった。昭和11(1936)年1月、現在の駅名となっている。駅の所在地は、品川区西品川1丁目である。

　「下神明」の駅名は、この駅が最寄り駅で、品川区二葉に存在する下神明天祖神社に由来する。駅の構造は、相対式ホーム2面2線を有する高架駅で、各駅停車のみが停車する。

大井町駅の5000系（昭和44年）
「青ガエル」の愛称で親しまれた5000系（デハ5000形）、梶が谷行きの列車が大井町駅のホームに停まっている

撮影：山田虎雄

大井町駅の8000系（昭和54年）
昭和44（1969）年から投入された、オールステンレス車の8000系の二子玉川園（現・二子玉川）行き列車が、大井町駅で発車を待つ。

撮影：山田虎雄

提供：しながわWEB写真館（品川区）

下神明駅付近（昭和54年）
上を東海道新幹線、下を品鶴線（横須賀線）が通る下神明駅付近。奥を横切るのが、東急大井町線である。

下神明駅（現在）
ゆるやかな坂道の道路に向かって、開かれている下神明駅。高架駅であり、改札口はこの一か所である。

下神明駅のホーム（現在）
平成20（2008）年から営業運転を開始した6000系の列車が、下神明駅のホームを通過しようとしている。

古地図探訪
昭和30年／大井町駅・下神明駅付近

昭和30（1955）年の大井町駅・下神明駅周辺の地図である。都道420号鮫洲大山線が東海道線と交差する地点の西側に、東急の大井町駅があり、その南側が国鉄大井町駅である。大井町線の北側に広がるのは国鉄大井工場（現・JR東日本東京総合車両センター）である。現在は、その一部が「JR東日本広町住宅」に変わり、「四季劇場夏」や品川市役所も誕生している。一方、国鉄駅南側の阪急ホテルは「阪急大井町ガーデン」「アワーズイン阪急」になっている。

下神明駅の北東には、専売公社研究所、三菱鉱業研究所があり、その南に「文（高）」の青稜中学校・高校も存在する。2つの研究所の跡地は「しながわ中央公園」に変わっている。また、西側には東海道新幹線、品鶴線（現・横須賀線）が通っている。

とごしこうえん・なかのぶ・えばらまち

戸越公園・中延・荏原町

昭和10年開園の「戸越公園」が駅名に
中延、荏原町は、池上線に類似の駅名も

戸越公園

開業年	昭和2(1927)年7月6日
所在地	品川区戸越5-10-15
キロ程	1.5km(大井町起点)
駅構造	地上駅
ホーム	2面2線
乗降人員	14,752人

中延

開業年	昭和2(1927)年7月6日
所在地	品川区中延4-5-5
キロ程	2.1km(大井町起点)
駅構造	高架駅
ホーム	2面2線
乗降人員	21,520人

荏原町

開業年	昭和2(1927)年7月6日
所在地	品川区中延5-2-1
キロ程	2.7km(大井町起点)
駅構造	地上駅
ホーム	2面2線
乗降人員	16,908人

荏原町駅と路線バス(昭和36年)
荏原町駅の改札口の目の前に横づけされている大森駅行きの路線バス(東急バス)。現在は3〜4分離れた場所に「荏原町駅入口」のバス停がある。
撮影:荻原二郎

提供:しながわWEB写真館(品川区)

撮影:荻原二郎

戸越公園駅(昭和20年)
踏切に挟まれた形で存在していた戸越公園駅。空襲で周囲が焼け野原となったものの、辛うじて焼失を免れた。

中延駅のホーム(昭和36年)
デハ3500形先頭の溝ノ口(現・溝の口)行きの列車、1番(下り)線ホームに停車しようとしている。

　大井町線の三番目の駅は、戸越公園駅である。かつて、お隣の下神明駅は「戸越駅」を名乗っていたが、現在は都営地下鉄浅草線に戸越駅、東急池上線に戸越銀座駅があり、「戸越」を冠する3つの駅が共存している。「戸越」の地名はこの地が江戸越えの村であったことに由来するという。

　この戸越公園駅は、昭和2(1927)年7月の開業時には、「蛇窪駅」を名乗っていた。昭和11(1936)年に現在の駅名に改称している。駅の所在地は、品川区戸越5丁目である。駅名の由来となった「戸越公園」は、元は熊本藩細川家の下屋敷で、昭和10(1935)年に東京市立の公園として開園している。

　中延駅は、都営地下鉄浅草線との連絡駅である。昭和2年7月の開業で、駅の所在地は品川区中延4丁目である。なお、約50メートル離れた都営地下鉄の中延駅は、東中延2丁目に位置している。中延の駅名は、この地が荏原郡荏原町大字中延と呼ばれていたからで、地名、駅名の由来は不詳である。

　荏原町駅は、戸越公園駅や中延駅と同じ昭和2年7月。大井町線の開業時に誕生している。駅の所在地は、品川区中延5丁目である。中延駅と同様、荏原郡荏原町にあったことから、その町名が駅名に採用されている。

戸越公園駅（現在）
上下（1・2番）線それぞれにホームが設置されている戸越公園駅。平成25（2013）年にホームが奥に2両分、延長されている

戸越公園駅のホーム（現在）
戸越公園駅の1番線ホームに、溝の口行の列車がやってきた。昭和61（1986）年から投入された9000系である。

戸越公園駅（昭和44年）
現在とほぼ同じ構造の戸越公園駅。以前は正面壁にあった駅名看板が上に掲げられ、「T.K.K.戸越公園駅」の文字が据え付けられている。

撮影：荻原二郎

中延駅（現在）
中延駅は、相対式ホーム2面2線を有する高架駅。都営浅草線の中延駅とは、接続しているが両駅の間は約50メートル離れている。

荏原町駅正面口（現在）
1番線（溝の口方面）側に設置されている荏原町駅の正面口。平成16（2004）年に2番線側にも、北口改札が設けられた。

荏原町付近の6000系（現在）
荏原町付近の踏切にさしかかる6000系編成の溝の口行きの急行列車。焼き鳥店の看板に、東急線の駅名が見える。

古地図探訪
昭和30年／戸越公園駅・中延駅・荏原町駅付近

東急の大井町線が国道1号（第二京浜）と交差する南東に中延駅があり、その両隣の戸越銀座駅と荏原町駅も見える。また、北側には同じ東急の池上線も通っている。この2路線は、もともとは別会社から出発している。
現在、戸越公園駅の北東には、戸越公園や都立大崎高校、品川区立戸越小学校が存在するが、この地図の範囲外である。「東戸越五丁目」の文字がある付近の「文」の地図記号は、品川区立大原小学校で、「東中延四丁目」付近には源氏前小学校、その東側には上神明小学校がある。

はたのだい・きたせんぞく・みどりがおか

旗の台・北千束・緑が丘

旗の台は、池上線、大井町線の接続駅
北千束、緑が丘に駅名改称の歴史あり

旗の台

開業年	昭和2(1927)年7月6日
所在地	品川区旗の台2-13-1
キロ程	3.2km(大井町起点)
駅構造	高架駅
ホーム	2面4線
乗降人員	23,209人

北千束

開業年	昭和3(1928)年10月10日
所在地	大田区北千束2-16-1
キロ程	4.0km(大井町起点)
駅構造	地上駅(一部高架駅)
ホーム	1面2線
乗降人員	6,983人

緑が丘

開業年	昭和4(1929)年12月25日
所在地	目黒区緑が丘3-1-12
キロ程	5.3km(大井町起点)
駅構造	高架駅
ホーム	2面2線
乗降人員	8,982人

撮影:荻原二郎

旗の台駅(昭和36年)
高架駅になる前、地平駅舎だった頃の旗の台駅。この木造駅舎は、上りホームの北千束側に設置されていた。

撮影:荻原二郎

旗の台駅南口(昭和36年)
池上線の上り線沿いに設置されていた、旗の台駅の南口。大井町線の下りホームと結ばれていた。

提供:めぐろ歴史資料館

緑ヶ丘駅(昭和40年頃)
昭和41年1月、現駅名の緑が丘駅に改称する前の「緑ヶ丘」駅の駅舎。下りホーム下にあった駅舎。

　旗の台駅は、大井町線と池上線の接続駅である。昭和2(1927)年7月、まず目黒蒲田電鉄(現・東急)大井町線の東洗足駅が開業し、続いて8月に、池上電鉄(現・東急池上線)の旗ヶ岡駅が開業した。戦後の昭和26(1951)年3月、東洗足駅が旗の台駅と改称して移転し、5月に池上線の駅も移転、改称した。両線は現在、立体交差しており、上部に大井町線、下部に池上線が通っている。

　駅の所在地は品川区旗の台2丁目で、地名、駅名は、清和源氏の源頼信が平忠常の乱を平定する際に、現在の「旗岡八幡宮」で源氏の白旗を掲げたことに由来する。

　北千束駅は、昭和3(1928)年3月に開業している。開業当時は池月駅で、昭和5(1930)年5月に洗足公園駅と変わり、昭和11(1936)年1月、現在の北千束駅となっている。

　駅の所在地は、大田区北千束2丁目で、地名・駅名の「千束」の由来には諸説が存在するが、仏教用語の「千僧供養」や日蓮の伝説などと関係があるといわれる。

　緑ヶ丘駅は昭和4(1929)年12月、中丸山駅として開業。昭和8(1933)年4月に緑ヶ丘駅となり、昭和41(1966)年1月に現在の駅名となった。駅の所在地は、目黒区緑が丘3丁目で、この地名は昭和7(1932)年の目黒区誕生時に生まれた、新しい地名である。

緑が丘付近の7200系（昭和59年）
桜の季節のダイヤモンドカットの正面も美しい7200系との組み合わせは「絵」になる。
撮影：安田就視

旗の台駅に進入するデハ3300形（昭和39年）
他の旧形車と異なり四角張った形態だった。昭和12年に旧国電木造車の電気品等を流用、車体新製して出来たもので車歴は古い。（矢崎）

旗の台付近のデハ3650形（昭和62年）
貫通路付きに改装されたデハ3650形（3656）、五反田行きの列車が旗の台付近の踏切を通過してゆく。
撮影：山田虎雄

旗の台駅（現在）
池上線五反田方面（2番線）のホームにある旗の台駅の駅舎。1番線側にも改札口があり、それぞれ高架上の大井町線ホームと連絡している。

北千束駅（現在）
ローカルなたたずまいを見せる北千束駅。傾斜地に立地しているため、大岡山側のホームは高架になっている。

北千束駅のホーム（現在）
島式で幅の狭いホームをもつ北千束駅。9000系の列車がやってきたところ。

古地図探訪
昭和30年／旗の台駅付近

昭和30（1955）年の旗の台駅周辺の地図である。この旗の台駅で、大井町線と池上線が交差、接続しているが、両線は別の会社からスタートしており、駅名も東洗足、旗ヶ岡と別々だった。昭和26（1951）年に2つの駅が移設されて、旗の台駅に統一され、現在は下の池上線、高架上の大井町線のホームはエスカレーターとエレベーターでも連絡している。

池上線の北側を走り、「平塚八丁目」付近で大井町線と交差しているのは、この本でたびたび登場する中原街道である。この街道は多摩川の丸子橋を渡ると、綱島街道と呼ばれるようになり、東横線と並行する形で南に進む。旗の台駅の北側には、香蘭学園、「文」マークの品川市立清水台小学校）、昭和医大が存在する。このうち、昭和医大は現在の昭和大学である。

くほんぶつ・おやまだい・とどろき・かみのげ

九品仏・尾山台・等々力・上野毛

4駅は世田谷区、それぞれ駅名、地名に
昭和4年に3駅開業、翌年に尾山台駅

等々力駅(昭和36年)
隣りの尾山台駅とは同じ構造の「兄弟駅舎」だった等々力駅。ホームにはデハ3500形の列車が見える。

尾山台駅(昭和34年)
この頃の尾山台駅の駅舎は、島式ホームの端に続いていた。武蔵工業大学(現・東京都市大学)の最寄り駅であることを示す看板が見える

撮影：荻原二郎

上野毛駅(昭和36年)
環状8号線と上野毛通りが交差する付近に設置されている上野毛駅。住宅地にふさわしい、落ち着いた外観を保っていた。

撮影：荻原二郎

等々力駅(昭和46年)
この上り線と、奥の下り線に挟まれた形で存在している等々力駅。踏切の向こうに駅舎、改札口が設けられていた。

撮影：山田虎雄

　9体の阿弥陀仏を表わす「九品仏」を駅名にもつこの駅は、九品仏浄在念仏院浄真寺の最寄り駅である。しかし、昭和4(1929)年11月、二子玉川線(現在の大井町線の一部)が開業し、この駅が誕生する前は、東横線の駅として先に誕生していた現在の自由が丘駅が「九品仏」の駅名を用いていた。言い換えれば、初代の九品仏駅は現在の自由が丘で、この駅は二代目である。
　次の尾山台駅は昭和5(1930)年4月に開業している。「尾山台」の地名・駅名の由来は、江戸時代に小山村が尾山村に変わったことによる。当初は駅名だけであったが、現在は地名にも採用されている。

　等々力駅は、昭和4年11月に開業している。「等々力」の駅名・地名は、等々力渓谷にある不動の滝の響く音に由来するといわれるが、他にも説が存在する。なお、川崎市中原区にも同じ地名が存在する。
　上野毛駅は、昭和4年11月に開業している。「上野毛」の駅名・地名は、「上」と「野毛(ノゲ)」を合わせたもので、国分寺崖線の崖(ノゲ)の上にある地域というのが由来となっている。
　この駅は、国宝の「源氏物語絵巻」など数々の名宝を有する、五島慶太ゆかりの五島美術館の最寄り駅として知られている。

九品仏		尾山台		等々力		上野毛	
開業年	昭和4(1929)年11月1日	開業年	昭和5(1930)年4月1日	開業年	昭和4(1929)年11月1日	開業年	昭和4(1929)年11月1日
所在地	世田谷区奥沢7-20-1	所在地	世田谷区等々力5-5-7	所在地	世田谷区等々力3-1-1	所在地	世田谷区上野毛1-26-6
キロ程	7.1km(大井町起点)	キロ程	7.8km(大井町起点)	キロ程	8.3km(大井町起点)	キロ程	9.2km(大井町起点)
駅構造	地上駅	駅構造	地上駅	駅構造	地上駅	駅構造	地上駅(堀割駅)
ホーム	1面2線	ホーム	2面2線	ホーム	1面2線	ホーム	1面3線(通過線含む)
乗降人員	12,951人	乗降人員	29,297人	乗降人員	29,058人	乗降人員	21,962人

尾山台駅のホーム(昭和51年)
7200系の大井町行き列車が見える尾山台駅のホーム。上り・下りのホーム上には乗降客の姿が見えない。
撮影:山田虎雄

尾山台駅の改札口(昭和55年)
シンプルな改札口、数段上った先にホームが見える尾山台駅。買い物姿の女性や子どもが見える午後の風景か。
所蔵:フォト・パブリッシング

尾山台駅(現在)
上下線それぞれの駅舎が、溝の口側に並び建つ尾山台駅。連絡(跨線)橋はなく、上下線の連絡は一度、改札を出ることになる。

九品仏駅(現在)
踏切に面して上下線に挟まれる形で存在する九品仏駅。各駅停車のみが停車する駅である。

等々力駅のホーム(現在)
島式1面2線の等々力駅のホーム。屋根のついたホームの奥に駅舎が設けられており、構内踏切を使って両側の道路に渡る。

古地図探訪
昭和4年/九品仏駅・尾山台駅付近

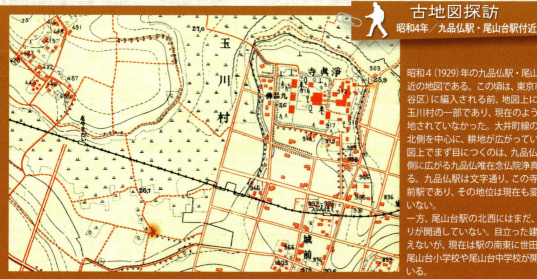

昭和4(1929)年の九品仏駅・尾山台駅付近の地図である。この頃は、東京市(世田谷区)に編入される前、地図上に見える玉川村の一部であり、現在のようには整地されていなかった。大井町線の線路の北側を中心に、耕地が広がっていた。地図上でまず目につくのは、九品仏駅の北側に広がる九品仏唯在念仏院浄真寺である。九品仏駅は文字通り、この寺院の門前駅であり、その地位は現在も変わっていない。
一方、尾山台駅の北西にはまだ、目黒通りが開通していない。目立った建物も見えないが、現在は駅の南東に世田谷区立尾山台小学校や尾山台中学校が開校している。

ごたんだ・おおさきひろこうじ

五反田・大崎広小路

池上線は五反田から、JR山手線に接続
大崎広小路は昭和2年、始発駅で開業

五反田

開業年	昭和3(1928)年6月17日
所在地	品川区東五反田2-1-1
キロ程	0.0km(五反田起点)
駅構造	高架駅
ホーム	1面2線
乗降人員	107,444人

大崎広小路

開業年	昭和2(1927)年10月9日
所在地	品川区大崎4-1-1
キロ程	0.3km(五反田起点)
駅構造	高架駅
ホーム	1面2線
乗降人員	7,651人

五反田駅前(昭和29年)
高いビルがほとんど見えない五反田駅前。東京駅八重洲口行きのバス乗り場には、経由として日本橋(白木屋)交差点の文字がある。
提供:しながわWEB写真館(品川区)

五反田駅のホーム(昭和55年)
「東急五反田ビル」の先に設置されている東急の五反田駅ホーム。この頃は、シンプルな屋根、狭い幅のホームだった。
撮影:山田虎雄

終点五反田に到着するデハ3450形(昭和55年)
行き先表示は窓下に下がった方向版はを窓の内側に表示するようになっている。(矢崎)
撮影:山田虎雄

五反田付近の7700系(平成12年)
デビューしたのは昭和62(1987)年だが、新製ではなく昭和30年代後半に製造された初代7000系を更新して7700系とした。今でも色褪せない美しさを感じる車両。
撮影:山田虎雄

　五反田駅の歴史は、官設鉄道(現・JR)山手線の駅から始まっている。ここを都心側の始発駅に選んだのが、池上電気鉄道(現・東急電鉄)だった。しかし、当初は隣りの大崎広小路駅が始発駅であり、国鉄の五反田駅や大崎駅とは徒歩での接続だった。その後、昭和3(1928)年6月に現在の五反田駅への延伸を果たして、昭和43(1968)年11月に都営地下鉄の五反田駅が開業した。

　現在の東急池上線の五反田駅は、JR駅の南側に位置し、島式ホーム1面2線を有する高架駅となっている。改札口とホームは、駅ビル「東急五反田ビル」の4階にある。五反田の地名・駅名の由来は、この付近の目黒川沿いの水田が五反(約5000平方メートル)であったことによる。以前は大崎村で、後に大崎町となり、昭和7(1932)年に東京市に編入されて品川区の一部になった。

　大崎広小路駅は、昭和2(1927)年10月に開業、当時は起終点及び五反田駅・大崎駅との連絡駅だったが、昭和3年の五反田延伸で、途中駅となっている。駅名は北側にある大崎広小路の交差点に由来し、駅の南側には立正大学のキャンパスが広がっている。

　大崎広小路駅と次の戸越銀座駅との間には、昭和2(1927)年に開業した桐ヶ谷駅があったが、昭和20(1945)年の東京空襲で焼失し、廃止されてしまった。

所蔵:フォト・パブリッシング

大崎広小路駅（昭和48年）
俯瞰風景の大崎広小路駅と大崎広小路の交差点。瓦屋根の家屋が並ぶ手前（大崎）側、ビルが林立する奥（五反田）側の違いが顕著である。

撮影:安田就視

大崎広小路駅のホーム（昭和54年）
デハ3500形で編成された列車が停車している大崎広小路駅。奥には、立正大学のキャンパス（校舎ビル）が見える。

撮影:荻原二郎

大崎広小路駅（昭和36年）
文房具（万年筆）店と紙店に挟まれた形で存在する大崎広小路駅。改札口の右側にかわいい出札窓口と切符を買う人がいる。

大崎広小路駅（現在）
島式ホーム1面2線を有する高架駅の大崎広小路駅。駅の目の前は、「大崎広小路」と呼ばれる広い道路となっている。

古地図探訪
昭和30年／五反田駅・大崎広小路駅付近

昭和30（1955）年の五反田駅・大崎広小路駅周辺の地図である。この頃の東急の五反田駅は、国鉄の山手線の上を渡った先、百貨店「白木屋」のビルから発着していた。また、駅前の広場には、北側の桜田通りから東京市電が南下してきて各線と連絡していた。

　山手線の外側には、中原街道が走っているが、現在は桜田通りから伸びる形で、第二京浜（国道1号）が通っている。「大崎一丁目」付近にあった「星製薬工場」は現在、複合施設「TOC（東京卸売センター）ビル」に変わっている。大崎広小路駅の南西には、山手通り（現在は「首都高中央環状線」を含め）が通り、その南側に大崎警察署と立正大学が存在する。

とごしぎんざ・えばらなかのぶ・ながはら・せんぞくいけ

戸越銀座・荏原中延・長原・洗足池

戸越銀座に商店街、洗足池に歴史の池
荏原中延、長原の駅名は、字名に由来

戸越銀座駅（昭和48年）
改築される前の戸越銀座駅の小さな木造駅舎。駅舎の横には「品川区平塚二丁目」の地名表示がのぞいている。

荏原中延駅（昭和48年）
地下ホームになる前の荏原中延駅の駅舎、改札口。改札口の駅員ボックス、黒板を利用した「伝言板」が懐かしい。

長原駅（昭和36年）
相対式ホームをもつ長原駅には、跨線橋はなく、構内踏切を利用してホーム間を連絡していた。レトロな自動券売機が設置されている。

洗足池駅（昭和36年）
昭和9（1934）年に改築され、戦後も使われていた洗足池駅の駅舎。当時の行楽地の窓口駅らしく、立派な構えをしている。

　戸越銀座駅は、昭和2（1927）年8月に開業している。ここの駅名の由来は、駅付近にある通りと商店街の名称である。この商店街は関東有数の商店街で、全国にある「○○銀座」の第1号とされている。関東大震災後、銀座で出た瓦礫をここに運んで湿地を埋め立てたことから「戸越銀座」の名称が生まれている。

　荏原中延駅は、戸越銀座駅と同じ昭和2年8月の開業で、現在は地下駅となっている。駅名の由来は、開業当時の地名である荏原町大字中延の町名、大字名を合わせたものだが、当時、池上電鉄に所属した当駅のほか、別会社だった目黒蒲田電鉄の大井町線には中延駅と荏原町駅が

あり、2つの名称を合わせたともいわれる。

　長原駅も同じく昭和2年8月の開業である。駅名の由来は当時の地名だった荏原郡馬込村字長原の字名である。

　洗足池駅も同じく昭和2年8月の開業である。駅の北側にある洗足池が駅名の由来となっており、池の西には、源氏にゆかりの「千束八幡神社」が鎮座している。かつてはこの池のほとりに勝海舟の邸宅「千束軒」があったが、戦災で焼失し、現在は墓だけが残されている。また、洗足池にはボート乗り場や水生植物園があり、一帯は大田区立の公園となっている。

戸越銀座		荏原中延		長原		洗足池駅	
開業年	昭和2(1927)年8月28日	開業年	昭和2(1927)年8月28日	開業年	昭和2(1927)年8月28日	開業年	昭和2(1927)年8月28日
所在地	品川区平塚2-16-1	所在地	品川区中延2-8-1	所在地	大田区上池台1-10-10	所在地	大田区東雪谷1-1-6
キロ程	1.4km(五反田起点)	キロ程	2.1km(五反田起点)	キロ程	3.7km(五反田起点)	キロ程	4.3km(五反田起点)
駅構造	地上駅	駅構造	地下駅	駅構造	地下駅	駅構造	高架駅
ホーム	2面2線	ホーム	2面2線	ホーム	2面2線	ホーム	2面2線
乗降人員	19,099人	乗降人員	13,038人	乗降人員	14,867人	乗降人員	18,090人

荏原中延駅(昭和63年)
地下駅になる前の荏原中延駅のコンパクトな駅舎と踏切。自動券売機はあるものの、改札口には駅員の姿もある。

戸越銀座駅のホーム(昭和55年)
戸越銀座駅のホームに停車している3450形の五反田行き普通列車。ホームが大きくカーブしていることがわかる。

戸越銀座駅(昭和43年)
割烹着姿にタスキをかけた、おかみさんたちが集まっている戸越銀座駅の駅前。右側の男性の横には、竹ぼうきが置かれている。

提供:しながわWEB写真館(品川区)

「日本地理風俗体系」所収

戸越銀座(昭和戦前期)
日傘を差したおしゃれな和服女性が歩く戸越銀座。電柱とともに、当時流行した「鈴蘭灯」が見える。説明文に「小山銀座」と覇を競ったことが記されている。

戸越銀座駅(現在)
蒲田方面に設置されている踏切に面して置かれている戸越銀座駅。奥には駅名の由来となった「戸越銀座商店街」が続く。

荏原中延駅(現在)
平成元(1989)年、地下駅となったモダンな荏原中延駅。駅舎の上には、「荏原中延東急ストア」が入居している。

長原駅(現在)
昭和48(1973)年に地下駅となった長原駅。駅舎の上には、「東急ストア」が店を開いている。

洗足池駅(現在)
洗足池駅は相対式ホーム2面2線を有する高架駅。改札口は五反田側にあり、中原街道に出ることができる。

古地図探訪
昭和30年/戸越銀座・荏原中延付近

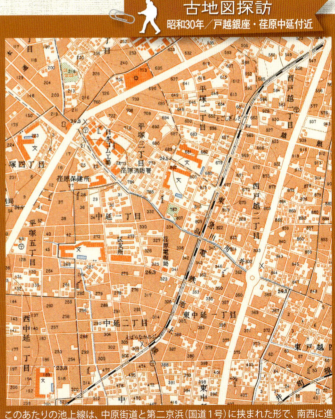

このあたりの池上線は、中原街道と第二京浜(国道1号)に挟まれた形で、南西に進んでいく。第二京浜の下には現在、都営地下鉄浅草線が通っており、戸越銀座駅と連絡する形で、南東側に戸越駅が置かれている。一方、戸越銀座駅と荏原中延駅の中間付近には、品川用水が流れていたが、現在では暗渠化され、それに代って「都道420号鮫洲大山線」が通っている。
戸越銀座駅の南西には、荏原消防署があり、この周辺には学校の地図記号「文」が目立っている。現在は、品川区立京陽小学校、中延小学校、荏原平塚小学校が存在している。荏原中延駅の西側には、延山小学校が見える。

いしかわだい・ゆきがやおおつか・おんたけさん・くがはら

石川台・雪が谷大塚・御嶽山・久が原

雪が谷大塚、久が原に、駅名変遷の歴史
石川台に笹丸橋、御嶽山に御岳神社あり

石川台駅（昭和42年）
上下線2つの駅舎が並んだ間にある踏切に3450形編成の列車が差し掛かる。石川台駅の構造は現在も変わっていない。

雪ヶ谷大塚駅（昭和36年）
改築される前の雪が谷大塚駅改札口付近。島式ホームの先に、このような小さな駅舎が設置されていた。

御嶽山駅（昭和36年）
上り線側にしか駅舎、改札口がなかった頃の御嶽山駅。構内踏切を利用して、上下線のホームの間を行き来していた。

久ヶ原駅（昭和38年）
上り線の北側、踏切に面して存在していた久が原駅。左手奥には構内踏切がのぞく。右奥には、「栄会通り」のアーチが見える。

　石川台駅は、昭和2（1927）年8月、池上電鉄の石川駅として開業し、昭和3（1928）年4月に石川台駅に改称した。この駅名は、開業当時の所在地の字名「石川」と「台」を組み合わせたものである。この付近を流れる呑川は、石川とも呼ばれており、大田区内の石川町などの地名・・駅名が生まれたとされる。

　次の雪が谷大塚駅のルーツは、大正12（1923）年5月に開業した池上電鉄の雪ヶ谷駅である。その後、昭和2年8月に調布大塚駅が開業し、この2つの駅は昭和8（1933）年6月に統合、移設されて、雪ヶ谷となっている。昭和18（1943）年12月に雪ヶ谷大塚駅と変わり、昭和41（1966）年1月に現在の駅名となった。この駅は、池上線では珍しい島式ホーム1面2線を有している。

　御嶽山駅は大正12年5月、御嶽山前駅として開業、昭和4（1929）年6月、現在の駅名に改称した。駅名の由来は付近に存在する「御嶽神社」である。

　次の久が原駅は、同じ大正12年5月、池上電鉄の末広駅として開業。その後、昭和3（1928）年に東調布、昭和11（1936）年1月に久ヶ原となり、昭和41年1月に現在の駅名となった。

　この「久が原」の地名・駅名は、森や林が続く「木が原」に由来し、「久河原」「久川原」ともいわれていた。現在は閑静な住宅地が広がり、高級住宅地として知られている。

石川台	
開業年	昭和2(1927)年8月28日
所在地	大田区東雪谷2-23-1
キロ程	4.9km(五反田起点)
駅構造	地上駅
ホーム	2面2線
乗降人員	14,646人

雪が谷大塚	
開業年	大正12(1923)年5月4日
所在地	大田区南雪谷2-2-16
キロ程	5.6km(五反田起点)
駅構造	地上駅
ホーム	1面2線
乗降人員	23,799人

御嶽山	
開業年	大正12(1923)年5月4日
所在地	大田区北嶺町32-17
キロ程	6.4km(五反田起点)
駅構造	地上駅
ホーム	相対式2面2線
乗降人員	24,857人

久が原	
開業年	大正12(1923)年5月4日
所在地	大田区南久が原2-6-10
キロ程	7.1km(五反田起点)
駅構造	地上駅
ホーム	2面2線
乗降人員	14,826人

池上線のベスト撮影地(昭和55年)

クハ3850形は昭和27(1952)年から投入された。当時の最新鋭の台車で、乗り心地がよかった。更新前照灯が下に移2灯化、顔つきが変わった。(矢崎)

五反田へ向かう7200形(平成12年)

懐かしい急行の看板を掲げているが、池上線は急行運転はしていない。7200形引退に伴うさよなら運転の臨時列車である。(矢崎)

雪ヶ谷検車区(昭和35年)

五反田行きの列車が、雪ヶ谷検車区の横を通過してゆく。この奥に昭和8(1933)年まで調布大塚駅が存在していた。

サハ3100形をはさんだ蒲田行きデハ3150形(昭和38年)

石川台からの築堤上を走っている。この形は昭和2(1927)年、川崎造船所製。木造から鋼製になった当初の鈍重なスタイル。(矢崎)

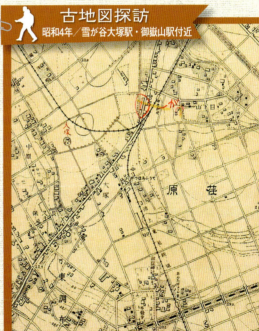

古地図探訪
昭和4年/雪が谷大塚駅・御嶽山駅付近

昭和4(1929)年、現在の池上線の雪が谷大塚駅・御嶽山駅周辺の地図である。この当時は、東急ではなく、池上電気鉄道に所属し、「雪が谷大塚」は雪が谷駅、「御嶽山」は御嶽山前駅だった。また、雪が谷駅の南には、後に統合される調布大塚駅が存在していた。雪が谷駅からは、昭和10(1935)年に廃止されるまで、新奥沢線が延びていた。
御嶽山前駅の南、鉄道線が池上線を横切る形で存在するのは、国鉄の品鶴線であり、現在は横須賀線や湘南新宿ライナーが使用。また、東海道新幹線も東急線の下を通っている。調布大塚駅の西では、中原街道と、現在の環状八号線の前身の道路が交差している。地図の全域でまだ人家は少なく、田畑が広がっていた。

石川台駅(現在)
1番線ホーム(蒲田方面)に続く、石川台駅の改札口。駅舎は、坂の下にある反対側(2番線)のホーム端に設けられている。

雪が谷大塚駅南口(現在)
自由通りと中原街道が出合う交差点付近に開かれている雪が谷大塚駅の南口。改札口はもう一か所、西口に設置されている。

御嶽山駅(現在)
上下線ホームそれぞれに改札口がある御嶽山駅。これは踏切に面した旗の台、五反田方面(2番線)の乗り場である。

久が原駅(現在)
相対式ホーム2面2線を有する地上駅の久が原駅。駅舎、改札口はこの(2番)上り線側、1番(下り)線側にそれぞれ設けられている。

ちどりちょう・いけがみ・はすぬま
千鳥町・池上・蓮沼

千鳥町は「慶大グラウンド前」駅から池上線の発祥時に池上、蓮沼駅が誕生

千鳥町
開業年	大正15(1926)年8月6日
所在地	大田区千鳥1-20-1
キロ程	8.0km(五反田起点)
駅構造	地上駅
ホーム	2面2線
乗降人員	14,895人

池上
開業年	大正11(1922)年10月6日
所在地	大田区池上6-3-10
キロ程	9.1km(五反田起点)
駅構造	地上駅
ホーム	2面2線
乗降人員	34,257人

蓮沼
開業年	大正11(1922)年10月
所在地	大田区西蒲田7-17-1
キロ程	10.1km(五反田起点)
駅構造	地上駅
ホーム	2面2線
乗降人員	7,587人

スマートになった3450形(昭和57年)
更新により窓も大きくなった。両数も50両と多く、メーカー、改造年その他で差異が多かった。東急の全線で活躍。後ろには駅の跨線橋が見える。(矢崎)

蓮沼駅(昭和46年)
「T.K.K.蓮沼駅」の大きな文字が付けられている蓮沼駅の駅舎。壁には路線図・運賃表・伝言板・お知らせなどがあっていっぱいだ。

池上駅(昭和36年)
北側を走る池上通り(都道421号)に向かって、広い空間が広がっていた池上駅。池上本門寺の玄関口で、駅舎は立派だった。

池上駅のホーム(昭和36年)
現在も東急線で唯一、旅客用構内踏切が残っている池上駅のホーム。木造の屋根、長いベンチがあった頃の姿である。

　千鳥町駅は、大正15(1926)年8月、慶大グラウンド前駅として開業しており、昭和11(1936)年1月に現在の駅名に改称した。開業当初の駅名は、当時存在していた「慶応義塾大学運動場(新田球場)」に由来する。駅の所在地は現在、大田区千鳥1丁目である。駅名が改称された当時は、大森区調布千鳥町で、そのときの地名が駅名に採用されている。

　池上駅は、大正11(1922)年10月、池上電鉄が池上～蒲田間で開業した際に、終点駅として開業した。当時は、池上本門寺に参詣する人々を運ぶ鉄道としての役割を果たしていた。大正12(1923)年には雪ヶ谷駅まで延伸し、途中駅となっている。駅の所在地は、大田区池上6丁目である。駅名と線名の由来は、日蓮宗の大本山「池上本門寺」である。

　蓮沼駅も、池上駅と同様に大正11年10月の開業である。駅の所在地は、大田区西蒲田7丁目で、隣りの蒲田駅とは同じ町内に存在している。駅名の由来は、開業当時の地名だった「荏原区矢口村大字蓮沼」の大字名「蓮沼」である。この付近は湿地が多く、蓮の群生する沼が存在していたことによる。

新奥沢線

新奥沢線は、昭和3（1928）年10月に開業し、昭和10（1935）年11月に廃止されるまで、わずか7年間だけ存在した盲腸線である。雪ヶ谷（現・雪が谷大塚付近）〜新奥沢間の1.4キロと短く、途中駅は諏訪分駅だけだった。

この線はもともと、池上電鉄（電気鉄道）の雪ヶ谷駅と国鉄の国分寺駅とを結ぶ路線として計画されていた。しかし、池上電気鉄道が目黒蒲田電気鉄道統合されるも、営業成績も不振であったために廃止された。その跡地は、住宅街の一部となっている。

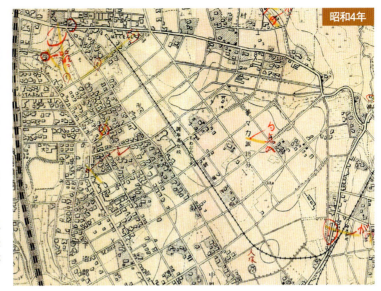
昭和4年

千鳥町駅（現在）
現在は、上下線ホームそれぞれに改札口が設置されている千鳥町駅。平成14（2002）年以前には下り線には改札口がなく、跨線橋による連絡だった。

池上駅（現在）
池上線の中でも乗降客数が多い池上駅。駅前からは、品川駅や大井町駅、大森駅などに向かう東急バスが発着している。

蓮沼駅（現在）
東蒲田2丁目交差点から西に向かう、「都道11号大田調布線」に面している蓮沼駅。こちらは蒲田方面の改札口である。

古地図探訪
昭和30年／千鳥町駅・池上駅付近

昭和30（1955）年の千鳥町駅・池上駅周辺の地図である。蒲田駅を出た池上線は西に向かい、しばらくして北向きに転じるが、蓮沼駅を通過して、この池上駅の手前から再び西に向かうことになる。そして、次の千鳥町駅付近から今度は北西に進路を取る。池上駅の北側には、池上通りが走っており、千鳥1丁目の交差点で第二京浜（国道1号）と交差する。池上線の北側、この第二京浜沿いに池上警察署が置かれている。

池上駅のやや離れた北側には、線名、駅名の由来となった池上本門寺が存在する。「卍」マークが点在するように境内は広く、塔頭も多数残されている。一方、千鳥町の南側には、2つの「文」の地図記号が見える。このうち、左側は大田区立千鳥小学校で、右側は東京朝鮮第六初級学校である。両校の北側で、池上通りは池上線と交差している。

かまた

蒲田

JR東海道線と接続、大田区南の中心
池上線、多摩川線が並ぶ高架駅ホーム

開業年	大正11(1922)年10月6日
所在地	大田区西蒲田7-69-1
キロ程	11.1km(五反田起点)
駅構造	高架駅
ホーム	5面4線
乗降人員	157,601人

蒲田駅のホーム(昭和36年)
戦災から仮復旧した形がまだ残っている蒲田駅の1番線ホーム。木造の柱、手すりや屋根、電球の姿が歴史を物語る。

撮影:荻原二郎

蒲田東急ビル(昭和47年)
昭和43(1968)年に誕生した蒲田東急ビル。このときに、東急の蒲田駅が高架化され、頭端式5面4線のホームとなった。

撮影:山田虎雄

蒲田駅のホーム(現在)
天井から光が差し込んでいる、明るい造りの蒲田駅のホーム。1・2番線は池上線、3・4番線は多摩川線が使用する。

蒲田駅(昭和35年)
地平駅舎だった頃の蒲田駅。バラックの屋根が消え、すっきりとした造りになっている。左は国鉄の跨線橋である。

撮影:荻原二郎

　蒲田駅は、池上線と東急多摩川線、JR東海道線(京浜東北線)との連絡駅である。池上電鉄(現・池上線)の蒲田駅の開業は、大正11(1922)年10月の蒲田〜池上間の開通時である。それ以前、明治37(1904)年4月に東海道線の蒲田駅が開業している。その後、大正12(1923)年11月、当時は別会社だった目黒蒲田電鉄目蒲線(現・東急多摩川線)の蒲田駅が開業している。

　現在、東急の蒲田駅は池上、多摩川線が並ぶ頭端式ホーム5面4線の構造だが、このスタイルになったのは、昭和43(1968)年高架化と両線の複線化が行われた時である。

両線は、JR駅ビルの南西側からほぼ直角に西に伸びる形である。東急の駅ビル「東急プラザ蒲田」は、JRの駅ビル「グランデュオ蒲田」と直結している。

　東急の蒲田駅の所在地は、大田区西蒲田7丁目であり、JRの蒲田駅は大田区蒲田5丁目である。「蒲田」の地名、駅名の由来には諸説があり、湿地を乾燥させて造った土地、泥の深い田地、蒲の茂る深田、あるいはアイヌ語「カマタ」などである。

　戦前には、東京35区のひとつ、蒲田区が存在し、戦後に大森区と合併して、大田区が成立している。

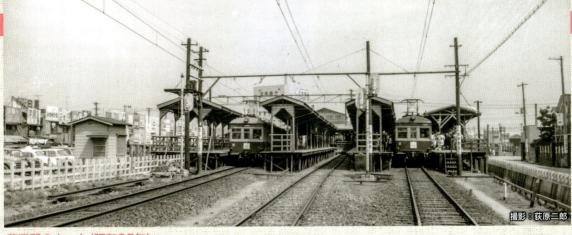

蒲田駅のホーム（昭和35年）
戦後、池上線のホームに並ぶ形になった目蒲線、それぞれの列車のツーショットである。奥には新しくなった三和銀行のビルが見える。

蒲田駅西口（現在）
蒲田東急プラザの1階にある東急・蒲田駅の地上出入り口。この前には、西口のバスターミナルがある。

蒲田駅前商店街（昭和戦前期）
ぬかるみの道（未舗装）を歩く人、荷車を引く人の見える蒲田駅前の商店街。奥に小さく見えるのが国鉄の蒲田駅である。

池上線7000系（現在）
グリーンの外装と木目の内装が特徴の7000系。18メートル級3両のミニ編成が活躍しており、東急多摩川線の運用にも就く。

緑が基調の池上線の1000系
東横線と地下鉄日比谷線との直通運転が終了し、これに運用されていた1000系の一部は更新の上、池上線と東急多摩川線で第二の人生を送ることになった。

古地図探訪
大正5年／蓮沼駅・蒲田駅付近

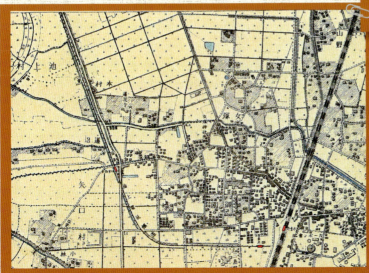

大正5（1916）年、関東大震災前の蒲田駅・蓮沼駅周辺の地図である。蒲田駅から伸びる池上電気鉄道（現・池上線）は既に開通しているが、目黒蒲田電鉄（現・東急多摩川線）はまだ開通していない。蓮沼駅の周辺にはこの時期、まだ人家は少なかった。地図の中央付近に、「女塚」の地名と「女塚神社」が見える。この神社は、武蔵新田駅付近にある新田神社で祀られている南北朝時代の武将、新田義興の侍女を村民が祀ったといわれ、現在は西蒲田6丁目に鎮座している。
蓮沼駅の北には、真言宗智山派の寺院「蓮沼寺」がある。平安時代の寛弘年間、恵心僧都の草創とされ、鎌倉時代に土地の豪族、荏原兵部有治が出家して、蓮沼法師となり中興した。この当時、蒲田駅周辺は蒲田町であったが、駅の西側は北に池上村、南に矢口村が存在していた。

ぬまべ・うのき・しもまるこ

沼部・鵜の木・下丸子

大正12年に沼部駅、当時は丸子駅
全通後の大正13年に鵜の木駅・下丸子駅

沼部	
開業年	大正12(1923)年3月11日
所在地	大田区田園調布本町28-1
キロ程	0.9km(多摩川起点)
駅構造	地上駅
ホーム	2面2線
乗降人員	10,418人

鵜の木	
開業年	大正13(1924)年2月29日
所在地	大田区鵜の木2-4-1
キロ程	2.0km(多摩川起点)
駅構造	地上駅
ホーム	2面2線
乗降人員	18,498人

下丸子	
開業年	大正13(1924)年5月2日
所在地	大田区下丸子3-7-1
キロ程	2.6km(多摩川起点)
駅構造	地上駅
ホーム	相対式2面2線
乗降人員	37,736人

沼部駅のホーム(昭和33年)
駅の東側にある品鶴線の築堤から見た沼部駅。ホームには3両編成の列車が停車している。

撮影：小川峯生

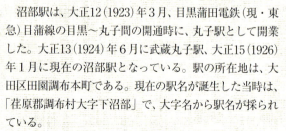

目蒲線は多摩川園前から多摩川に並行して走る(昭和55年)
この先にあるのが沼部駅で、右端奥に東海道新幹線が小さく写っている。蒲田行き最後尾はデハ3450形3470(矢崎)

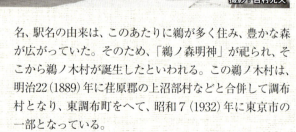

撮影：吉村光夫

　沼部駅は、大正12(1923)年3月、目黒蒲田電鉄(現・東急)目蒲線の目黒～丸子間の開通時に、丸子駅として開業した。大正13(1924)年6月に武蔵丸子駅、大正15(1926)年1月に現在の沼部駅となっている。駅の所在地は、大田区田園調布本町である。現在の駅名が誕生した当時は、「荏原郡調布村大字下沼部」で、大字名から駅名が採られている。

　鵜の木駅は、大正13年2月、目蒲線の鵜ノ木駅として開業、昭和41(1966)年1月、現在の駅名「鵜の木」となっている。駅の所在地は、大田区鵜の木2丁目である。地名、駅名の由来は、このあたりに鵜が多く住み、豊かな森が広がっていた。そのため、「鵜ノ森明神」が祀られ、そこから鵜ノ木村が誕生したといわれる。この鵜ノ木村は、明治22(1889)年に荏原郡の上沼部村などと合併して調布村となり、東調布町をへて、昭和7(1932)年に東京市の一部となっている。

　下丸子駅は大正13(1924)年5月に開業している。駅の所在地は、大田区下丸子3丁目である。地名・駅名の由来は、開業当時の地名が「荏原郡矢口村大字下丸子」で、その大字名「下丸子」が採用されている。

沼部駅（現在）
相対式ホーム2面2線を有する地上駅の沼部駅。こちらは蒲田方面（下り、1番線）ホームに続く改札口である。

鵜の木駅（現在）
鵜の木駅の駅舎は平成12（2000）年にリニューアルされている。これは、多摩川方面（上り、2番線）の改札口である。

下丸子駅（現在）
上下線ホームにそれぞれ改札がある下丸子駅。かつては、構内踏切によるホーム間の連絡が行われていた。

下丸子駅のホーム（現在）
現在の下丸子駅は、相対式ホーム2面2線の構造となっている。通勤時間帯ではないため、ホームには人影が少ない。

沼部付近のデハ3450形（昭和55年）
目蒲線は多摩川園前から多摩川に並行して走る。写真右端に東海道新幹線が小さく写っている。蒲田行き最後尾はデハ3450形3470。（矢崎）

沼部付近の5000系（昭和55年）
目蒲線でも第一線で活躍していた「青ガエル」こと5000系。この付近で東海道新幹線と交差する。

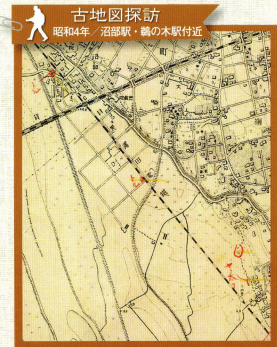

古地図探訪
昭和4年／沼部駅・鵜の木駅付近

昭和4（1929）年、目黒蒲田電鉄（現・東急電鉄）の目蒲（現・多摩川）線沿線の地図である。地図上には、沼部駅・鵜ノ木（現・鵜の木）駅が見える。北側には、国鉄の貨物線（品鶴線）が通り、現在は横須賀線と東海道新幹線が走っている。この当時、目蒲線の西側には、人家が少なかった。現在は、宅地化され、大田区嶺町小学校や東京高校（私立）が誕生している。
沼部駅の北には、真言宗智山派の寺院「東光院」が存在する。また、東側にあるのは同じ真言宗智山派の「密蔵院」である。その東側の「文」の地図記号は、現在の大田区立東調布第一小学校であるが、現在は隣接して都立田園調布高校、大田区立東調布中学校が誕生している。

むさしにった・やぐちのわたし

武蔵新田・矢口渡

大正12年に武蔵新田駅と矢口渡駅開業
武将ゆかりの新田神社、多摩川に矢口の渡し

武蔵新田

開業年	大正12(1923)年11月1日
所在地	大田区矢口1-18-1
キロ程	3.4km(多摩川起点)
駅構造	地上駅
ホーム	2面2線
乗降人員	25,162人

矢口渡

開業年	大正12(1923)年11月1日
所在地	大田区多摩川1-20-10
キロ程	4.3km(多摩川起点)
駅構造	地上駅
ホーム	2面2線
乗降人員	24,006人

武蔵新田駅(昭和36年)
上り線側に設置されている武蔵新田駅の駅舎。屋根の形は変わっているが、改札口・出札などの構造はそのまま残っている。
撮影:荻原二郎

武蔵新田駅(現在)
下丸子寄りにある踏切と武蔵新田駅、蒲田方面の乗り場(改札口)。このすぐ北側を「環状八号線」が通っている。

矢口渡駅のホーム(昭和50年)
目黒行き最後尾がクハ3754の3両編成の列車が矢口渡駅の2番線ホームに停車している。
撮影:荻原二郎

　武蔵新田駅は、大正12(1923)年11月、目蒲線(現・目黒線)の蒲田延伸、全通時に開業している。当時の駅名は「新田」で、大正13(1924)年4月、現在の駅名「武蔵新田」となっているが、駅名の由来は、駅付近にある「新田神社」である。

　この新田神社は、南北朝時代に活躍した源氏の武将、新田義興を祀っている。義興は南朝方の武将で、正平13(1358)年に「矢口渡」で戦死した。その物語は、『太平記』に記され、歌舞伎の「神霊矢口渡」にもなっている。付近には、義興の舟の船頭ゆかりといわれる「頓兵衛地蔵」も存在する。

　矢口渡駅は、大正12年11月、矢口駅として開業。昭和5(1930)年5月、現在の駅名となった。

　駅名の由来は、多摩川にあった「矢口の渡し」による。また、「矢口」の地名は、この地で矢合わせをした日本武尊の伝説にもとづいている。

　江戸時代から矢口村が存在し、明治22(1889)年に編入により村域を拡大、昭和3(1928)年に矢口町となった。昭和7(1932)年に東京市に編入され、蒲田区(現・大田区)の一部となっている。

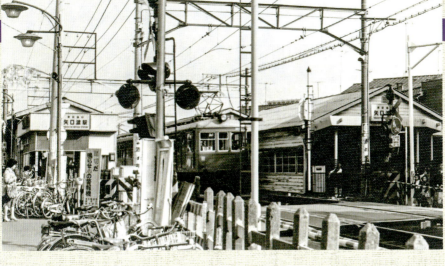

矢口渡駅（昭和52年）
上下線にスタイルの違う駅舎が並んでいる矢口渡駅。現在はそれぞれの駅舎の前に、雨除けの屋根が設置されている。

矢口渡駅（昭和36年）
蒲田方面に向かう1番線ホームに設置されている矢口渡駅の駅舎。「30円」と表示された2台の自動券売機が設置されている。

矢口渡駅（現在）
上下線で駅舎・改札口ともに別となっていて改札内ではホーム間の行き来はできない。

古地図探訪
昭和30年／武蔵新田駅・矢口渡駅付近

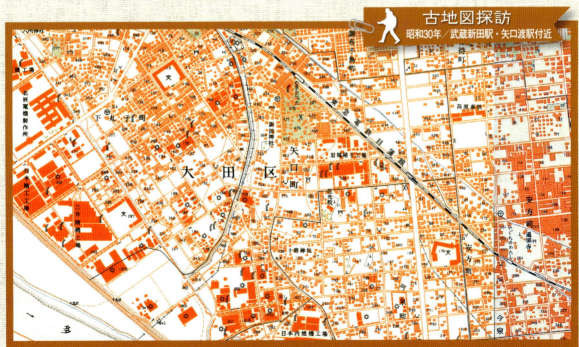

昭和30（1955）年の武蔵新田駅・矢口渡駅周辺の地図である。この地図には多摩川線だけが通っているが、武蔵新田駅の北側に「調布千鳥町」の地名が見えるように、500メートルほど北の場所には池上線の千鳥町駅がある。また、駅の南西に見える新田神社は、駅名の由来となった武将、新田義興を祀る神社である。この当時は、南側に岩城硝子工場、日本内燃機工場などが存在していた。さらにその東北、多摩川に沿って、三井精機工場、日本精工工場、北辰電機製作所などが存在し、工場地帯が広がっていた。
武蔵新田駅と矢口渡駅の中間には、第二京浜（国道1号）が南北に通っている。その東側には、大田区立矢口小学校がある。また、現在は多摩川線の北側を並行するように環状八号線が走っている。

三軒茶屋・西太子堂・若林・松陰神社前

さんげんぢゃや・にしたいしどう・わかばやし・しょういんじんじゃまえ

玉川線・世田谷線の分岐点、三軒茶屋
聖徳太子、吉田松陰ゆかりの歴史豊か

三軒茶屋付近（昭和45年頃）
交差点(分岐点)をめぐって、さまざまな玉電のシーンが繰り広げられてきた三軒茶屋。3方向の車両が出合う一場面。

三軒茶屋の交差点（昭和初期）
玉川電車の本線、支線(現・世田谷線)が分岐する「三軒茶屋交差点」。玉川通りは当時から自動車の交通量は多かった。左側が支線、高井戸方向である。
『日本地理風俗体系』所収

三軒茶屋付近（昭和40年頃）
二子玉川園行きの玉電と、溝の口駅に向かう路線バスが仲良く並んでいる。主役交代の時期は迫っていた頃のワンシーン。

撮影：荻原二郎

新世代のバリアフリー電車300系（平成24年）
唯一の軌道線の世田谷線では、車両は300系の布陣で整っている。カラーリングは10編成で10色とカラフルである。

西太子堂駅（昭和36年）
デハ80形(86)が西太子堂駅に停車している。開業当初は西山駅だったが、昭和14(1939)年に駅名が改称された。

　三軒茶屋駅は、世田谷線（軌道線）の起点であり、田園都市線との連絡駅である。世田谷線の三軒茶屋駅は、大正14(1925)年1月、玉川電気鉄道(玉電)の駅として開業。平成4(1992)年11月、駅周辺の再開発に伴い、現在の場所に移転している。

　西太子堂駅も三軒茶屋駅と同じ、大正14(1925)年1月の開業である。開業当初の駅名は「西山」で、昭和14(1939)年10月、現駅名に改称した。駅の所在地は、世田谷区太子堂4丁目である。駅名・地名の「太子堂」は、聖徳太子を奉る円泉寺に由来する。

　若林駅も前の2駅と同じ大正14年1月の開業である。玉電時代には「玉電若林」と呼ばれていたが、昭和44(1969)年に現在の駅名に戻っている。駅の所在地は、世田谷区若林4丁目である。

　地名、駅名の「若林」の由来は不詳であるが、江戸時代には若林村が存在し、明治22(1889)年に世田谷村の一部となり、昭和7(1932)年に東京市世田谷区の一部となっている。

　松陰神社前駅も大正14年1月の開業である。駅の所在地は、若林駅と同じ世田谷区若林4丁目。駅名の由来は、かつての長州藩の別邸で、吉田松陰の墓がある松陰神社による。

環状七号線の若林踏切（昭和47年）
交通量の多い「環状7号線」で、今まさに2両の電車が交差しようとしている。若林〜太子堂間の「若林踏切」の風景である。

若林、デハ80形（平成13年）
昭和25（1950）年から昭和28（1953）年にかけて、28両が製造されたデハ80形。平成13年に惜しまれつつ世田谷線から姿を消した。

松陰神社前の「さようならデハ150形」（平成13年）
昭和39（1964）年に4両製造されたデハ150形。分離された世田谷線で平成13（2001）年まで活躍した。

古地図探訪
昭和30年／三軒茶屋駅〜上町駅付近

昭和30（1955）年の玉川線（現・世田谷線）沿線の地図である。三軒茶屋駅から北西に伸びる路線上には、西太子堂、若林、松陰神社前…と短い区間距離で駅（電停）が置かれており、その形は現在に受け継がれている。
西太子堂駅の東には「目青不動教学院（最勝寺）」がある。その北にあるのは世田谷区立太子堂小学校である。若林駅の南側、世田谷通りの交差点からは現在、環状七号線が真っ直ぐ北に延び、この駅の東側を通っている。駅付近にあった世田谷警察署は移転している。松陰神社前駅の北側には世田谷区役所が現在もある。また、その東側には駅名の由来となっている松陰神社が鎮座し、「桂太郎墓」の文字も見える。

せたがや・かみまち・みやのさか・やました・まつばら・しもたかいど

世田谷・上町・宮の坂・山下・松原・下高井戸

ゆるやかに北に、世田谷線は下高井戸へ
山下で小田急線、終点では京王線に連絡

世田谷駅（平成13年）
世田谷駅に並んだデハ80形、82と86の兄弟車。相対式ホーム2面2線を有しており、「世田谷ボロ市」開催時には大いに賑わう。

山下駅（昭和13年）
デハ20形が停車している山下駅。開業して以来、山下駅だったが、この翌年から昭和44(1969)年までは「玉電山下駅」を名乗ることになる。

玉電山下駅（昭和29年）
低いホームの上に木造の屋根が乗っていた玉電山下駅。昭和44(1969)年に山下駅に改称され、平成13(2001)年、ホームのかさ上げ工事が実施された。

宮ノ坂駅（昭和37年）
宮ノ坂（現・宮の坂）駅の踏切を渡るデハ200形連結車の渋谷行き。電車から降りてきた女子生徒たちの列が見える。

　世田谷駅は大正14(1925)年1月の開業である。現在は区名にもなっている「世田谷」の地名・駅名の由来は諸説あり、「瀬戸が谷」「瀬田の谷地」が変化したなどとされる。上町駅は、大正14年5月の開業である。駅名の由来は、世田谷町の上町だったことによる。
　宮の坂駅は、昭和20(1945)年7月、旧宮ノ坂駅と豪徳寺前駅が統合され、宮ノ坂駅として現在地に誕生した。昭和41(1966)年1月、現駅名の「宮の坂」に改称している。この地名・駅名は世田谷八幡宮の東側にある都道427号の坂に由来する。山下駅は大正14年5月の開業で、一時は「玉電山下」と名乗っていたが、昭和44年5月に現駅名に戻っている。
　松原駅は、昭和24(1949)年9月、六所神社前駅を現在地に移設して、玉電松原駅として開業した。このときに、下高井戸駅寄りにあった七軒町駅が廃止されている。昭和44年5月、現在の松原駅に改称した。
　下高井戸駅は、京王線との接続駅である。大正2(1913)年に京王の下高井戸駅が開業し、12年後の大正14年に玉電の下高井戸駅が開業した。駅名は日蓮宗の寺院、宗源寺の不動堂で、かつては高台にあり、「高井堂」と呼ばれたことに由来する。江戸時代には甲州街道の高井戸宿が置かれていた。

六所神社前駅のデハ40形（昭和14年）
昭和24年まで存在した六所神社前駅。現在の松原駅の前身だが、隣駅だった七軒町駅との統合という形で消滅した。

山下駅（昭和59年）
ホームいっぱいの乗客が乗り込もうとしている山下駅停車中のデハ70形。奥の高架上には小田急線の列車が見える。

撮影：安田就視

松原駅の70形（昭和53年）
松原駅の下高井戸方面乗り場に停車している70形。「連結2人乗り」の案内板が付けられている。

撮影：竹中泰彦

下高井戸駅のデハ80形（昭和28年）
京王線との連絡駅である下高井戸駅、ホームに停車しているデハ80形。改築される前の、のどかな終点駅の風景である。

撮影：安田就視

下高井戸駅（昭和47年）
玉電（世田谷線）の終点、下高井戸駅の駅前風景。果物店の店先に、スイカやナシが並んだ夏らしい光景である。

古地図探訪
昭和30年／宮の坂駅〜下高井戸駅付近

昭和30（1955）年の玉川線（現・世田谷線）沿線の地図である。終点の下高井戸駅では、京王線と接続しており、途中の山下（当時は玉電山下）駅では、小田急線の豪徳寺駅と連絡している。この当時、現在の松原駅は「玉電松原駅」だった。
宮の坂駅の東側には、「豪徳寺」「井伊大老墓」が存在し、西側には「宇佐（世田谷）八幡宮」がある。現在、豪徳寺の南側には昭和15（1940）年に世田谷城址公園が誕生している。また、世田谷八幡宮を囲むように世田谷区立世田谷小学校、鴎友学園女子高校、世田谷区立桜木中学校がある。下高井戸駅の南西には、世田谷区立松沢小学校がある。

きぬたせん・みぞのくちせん・てんげんじせん・なかめぐろせん

砧線・溝ノ口線・天現寺線・中目黒線

都電に組み込まれた天現寺線・中目黒線
砧線は砧本村へ、多摩川を渡る溝ノ口線

渋谷駅東口の天現寺線停留場（昭和12年）
現在のバスターミナル付近に停留場があった。写真中央の鉄橋は、昭和14年に開業する東京高速鉄道（現・東京メトロ銀座線）。
所蔵：白根記念渋谷区郷土博物館

中目黒付近の東京市電410号（昭和10年頃）
天現寺線の中目黒付近。玉電のマークをつけた東京市電410号。右奥には、同じ市電や自動車の姿がある。

二子橋を渡るデハ30形（昭和10年）
溝ノ口線の二子橋を渡るデハ30形（34）の溝ノ口行き。フロントに1系統の系統版を掲げている。

　玉川電気鉄道（玉電）には、玉川線のほかに支線である砧線、溝ノ口線が存在した。そのほかに一時は、東京都（都電）に買収されることになる天現寺線、中目黒線も営業していた。

　砧線は大正13（1924）年3月に開通している。玉川線との分岐点である玉川（二子玉川）駅から砧本村駅まで2.2キロの間に中耕地、吉沢、大蔵の3つの駅が置かれていた。この砧線は、昭和44（1969）年5月、玉川線と同時に廃止された。

　溝ノ口線は、玉川線を延伸する形で、昭和2（1927）年7月、玉川〜溝ノ口（現・溝の口）間が開業した。途中駅は二子（現・二子新地）、高津である。この線は昭和18（1943）年に改軌され、大井町線に組み込まれた。現在は田園都市線の一部となり、二子新地、高津、溝の口の3駅が存在する。

　天現寺線は大正13（1924）年5月に渋谷駅前〜天現寺橋間が全通し、全長2.5キロの路線となったが、昭和12（1937）年に玉電ビルが完成した2年後、玉川線とは分離された。また、昭和2（1927）年3月には渋谷橋〜中目黒間、1.4キロの中目黒線が開通している。この2線は、東京市電の車両を借りて運転されており、昭和13（1938）年に東京市に経営を委託、昭和23（1948）年に東京都に譲渡された。

中耕地駅（昭和36年）
親子連れが電車を待っている中耕地駅。二子玉川園（現・二子玉川）駅方面から、お待ちかねの電車がやってきた。

吉沢駅のデハ60形（昭和39年）
野川を渡る新吉沢橋の付近にあった吉沢駅。砧線は単線であり、小ぢんまりとした屋根のあるホームがあった。

砧本村駅（昭和36年）
付近には旧渋谷町の浄水場、わかもと製薬の工場があり、勤め人たちも利用していた砧線。その終点である砧本村駅である。

砧本村駅の駅名表示板と運賃表（昭和44年）
砧本村駅の駅舎に掲げられていた駅名表示板と運賃表。隣駅の吉沢駅までの運賃は20円だった。

古地図探訪　昭和30年／砧線沿線

二子玉川園駅から北西方面に伸びる東急電鉄砧線（旧・玉電砧線）沿線周辺の地図である。地図中央に大きく広がるのは多摩川の河川敷、そこには戦前から開かれた兵庫島や読売玉川飛行場が見える。北側は東京都世田谷区、南側は川崎市である。砧線には北耕地・吉沢・砧（本村）の3つの駅（電停）が置かれていた。線路沿いには多くの耕地（田畑）が残っていたが、健康保険二子玉川園、砧下浄水場のほか、終点・砧付近に「わかもと製薬工場」が存在していた。この工場の跡地は、駒沢大学玉川校舎になっている。

生田 誠（いくた まこと）

昭和32年生まれ。東京大学文学部美術史学専修課程修了。産経新聞東京本社文化部記者などを経て、現在は地域史・絵葉書研究家。絵葉書を中心とした収集・研究を行い、集英社、学研パブリッシング、河出書房新社、彩流社、アルファベータブックス等から著書多数。

【写真撮影者】
小川峯生、江本廣一、荻原二郎、園田正雄、高橋義雄、竹中泰彦、田尻弘行、日暮昭彦、矢崎康雄、安田就視、山田虎雄、吉村光夫（敬称略）

【写真提供機関】
しながわWEB写真館（品川区）、白根記念渋谷区郷土博物館・文学館、めぐろ歴史資料館、横浜市史資料室

◆執筆協力
矢崎康雄（鉄道写真解説のうちの記名箇所）

◆撮影協力
酒井千恵子（現在の駅舎等）

◎拡張工事中の渋谷駅（昭和36年）　撮影：竹中泰彦

東急電鉄　街と駅の1世紀

発行日･･･････････2015年8月5日　第1刷　　※定価はカバーに表示してあります。

著者･･････････････生田 誠
発行者･･････････････佐藤英豪
発行所･･････････････株式会社アルファベータブックス
　　　　　　〒102-0072　東京都千代田区飯田橋2-14-5 定谷ビル2階
　　　　　　http://ab-books.hondana.jp/
　　　　　　・本書内容についてのお問い合わせは、下記までお願いいたします。
　　　　　　【メール】henshuubu@photo-pub.co.jp　【TEL】03-5988-8951
編集協力････････････株式会社フォト・パブリッシング
装丁・デザイン・DTP …古林茂春（STUDIO ESPACE）
印刷・製本････････････モリモト印刷株式会社

ISBN 978-4-86598-803-1 C0026
本書は日本出版著作権協会（JPCA）が委託管理する著作物です。
複写（コピー）・複製、その他著作物の利用については、事前にJPCA（電話03-3812-9424、e-mail:info@jpca.jp.net）の許諾を得てください。なお、無断でのコピー・スキャン・デジタル化等の複製は著作権法上での例外を除き、著作権法違反となります。